LA CONFESSION,

PAR L'AUTEUR

DE

L'ANE MORT ET LA FEMME GUILLOTINÉE.

Man delights not me, nor woman neither.
HAMLET.

L'homme ne me ravit pas, ni la femme non plus.

TOME PREMIER.

PARIS.
ALEXANDRE MESNIER, LIBRAIRE,
PLACE DE LA BOURSE.
1830

LA CONFESSION.

IMPRIMERIE DE E. DUVERGER,
RUE DE VERNEUIL, n° 4.

LA CONFESSION,

PAR L'AUTEUR

DE

L'ANE MORT ET LA FEMME GUILLOTINÉE.

Man delights not me, nor woman neither.
HAMLET.

L'homme ne me ravit pas, ni la femme non plus.

TOME PREMIER.

PARIS.
ALEXANDRE MESNIER, LIBRAIRE.
PLACE DE LA BOURSE.
1830

J'ai pensé souvent, Ariste, aux belles choses que vous m'avez dites des romans de M. de Crébillon le fils; savoir que c'était le peintre le plus vrai de son époque, l'observateur le plus fidèle de la bonne société de son temps, et qu'il était merveilleusement appris à reproduire ce vernis de corruption et de politesse dont M. Dorat n'était que le poète, et dont M. de Crébillon eut l'honneur d'être l'historien.

J'ai donc relu ses romans avec zèle et ferveur, et j'ai compris que vous aviez raison; qu'il y avait une puissance dans cette exacte reproduction des vices et des travers d'une société tout en velours, en manchettes de dentelle, en paniers, avec de belles mains, de grands cols, des visages et des perruques roses, des éventails, des mouches, et ces petits pieds de Chinoises que toutes les héroïnes de Crébillon laissent voir au bout d'une jambe dont on aperçoit le genou, pendant qu'elles sont mollement couchées sur des sophas qui parlent, et qui racontent effrontément tout ce qu'on peut faire sur un sopha, et durant une régence qui porte le deuil d'un roi bigot.

De sorte que je me suis épris de ces romans en deux petits volumes, écrits en grosses lettres et sans permission du censeur. Il n'y a pas de comédies de la Foire, malgré tout leur gros sel, qui vaille ce jargon, ce musc, cet ambre, ce fard, ce vice nu à la peau blanche, ces marquis aux épées de soie, ces vicomtes qui font de la broderie, et puis tout cet ameublement or et perles avec des fleurs qui serpentent; des petits chiens sur de moelleux coussins, des portraits de famille, et dans le lointain la maison du faubourg et les orgies nocturnes. Aussi, quels romans Crébillon le fils a faits là!

Que je le loue de ne s'être donné la peine ni de construire une fable, ni d'inventer des personnages, ni de disposer avec méthode un commencement, un milieu, une fin! C'est un homme qui s'est livré à son époque corps et ame, qui s'est damné avec elle, qui a raconté à tort et à travers ce qu'il en savait. — « Mais, monsieur, quelles mœurs de ruelles ! quelle dépravation ! quelle horrible société ! » A quoi il répondait : « Ce sont nos mœurs, madame; vous y étiez comme moi, j'ai soupé avec vous; il ne faut pas trop vous récrier sur ce que j'ai dit, nous avons même été plus loin vous et moi ! »

Vous sentez, cher Ariste, que de cette première étude de votre auteur favori, et tout en sortant des lieux équivoques où il m'avait conduit, j'ai dû me demander à quoi pouvait servir aujourd'hui cette étrange manière de peindre le monde, et si elle était encore applicable, et si par hasard, tout en laissant à M. de Crébillon les mœurs qu'il représente et qui n'appartiennent qu'à l'époque où il vivait, Dieu merci, nous ne pourrions pas appliquer à notre temps cette narration nonchalante, ce piquant laisser-aller dans le style, surtout l'impassible sang-froid avec lequel cet homme à part observait, racontait, commentait tous les travers de son temps dans leurs nuances les plus odieuses et les plus incroyables ; j'imagine que ce serait là un grand mérite à vos yeux.

D'autant plus qu'en fait de romans et en général de tous les arts de l'imagination et de la pensée, ne rien imaginer c'est la seule ressource qui nous reste. Toutes les inventions ont été faites, tous les personnages à créer sont créés, tout est dit et redit dans les deux sens. Bien plus, nous avons vu les grands génies de notre époque emprunter aux temps passés des héros tout faits. Lord Byron s'est emparé de Don Juan comme de son bien. Il a dû s'estimer heureux de trouver Don Juan tout fait et ensuite Child Harold tout fait dans son ame. Que voulez-vous donc devenir parmi ces événemens qui se croisent et ces héros qui se heurtent, si vous voulez faire des livres avec des faits et des héros?

Il faut donc de toute nécessité renoncer à être neuf du moment où l'on invente; à coup sûr, si je vois un homme qui rêve, je vais faire un pari qu'il répète quelque chose. Si vous voulez être original, n'inventez pas; surtout ne dites pas : Je fais un drame, une tragédie, un poème ; car aussitôt que vous voulez faire quelque chose, vous ne faites rien ; vous êtes nul, vous êtes absurde, vous imitez, vous ne comprenez rien à la question littéraire.

Prenons pour exemple une coterie fameuse, toute composée de ces hommes *à fronts* larges et *à vastes poitrines*, dont vous avez sans doute entendu parler ; vous allez comprendre à quoi l'a menée cette fureur d'inventer.

Cette secte, qui est vive, jeune, pleine de séve et qui donnait tant d'espérances, débute d'abord par de beaux vers qui s'appellent tout simplement des *odes*; elle s'empare de la poésie de la restauration. On l'écoute autant qu'on peut écouter des hommes qui font des vers. Ce ne sont pas encore là les hommes qui inventent, ce sont des jeunes gens qui promettent, aussi n'y a-t-il qu'à louer jusque-là.

Mais arrive l'ambition. On ne se contente plus de refaire, on veut créer quelque chose, et l'on invente, devinez quoi? une chose faite depuis des siècles; on invente le moyen-âge. Relevez-vous, tourelles, hauts clochers, tombes armoiriées! réveillez-vous, paladins et clergé! Voilà ce qu'on invente! Comme si nous n'avions pas Froissard, le sire de Joinville, et nos vieux fabliaux! Que voulez-vous? c'est peut-être un commencement d'invention.

Après avoir inventé le moyen-âge, on invente l'Espagne: l'Espagne, Grenade, Cordoue, les Maures, toute l'histoire de M. de Florian, *Gonzalve de Cordoue*, que sais-je? Il y avait cependant inventées, bien avant tout cela, *les romances du Cid*.

Ne croyez pas qu'on s'arrête. Après avoir inventé l'Espagne on inventa aussi l'Orient, ses villes d'or, ses mosquées, ses harem, la sulamite, le Bosphore, l'opium et l'essence de roses; on oubliait les *Mille et une Nuits* et le *Giaour*.

J'oubliais de dire que dans l'intervalle on avait encore inventé les goules, les larves, les gnômes, la salamandre, les vampires, tous les contes de Perrault, les admirables chefs-d'œuvre de notre Perrault, que notre stupide époque a remplacés par les contes de M. Bouilly!

Quand il ne resta plus rien à inventer pour le fonds, on inventa dans la forme; on fit une langue plus énergique que la langue du dix-septième siècle, on inventa Ronsard et l'enjambement dans le vers : ce fut là une belle invention par Dubartas !

Après quoi on voulut inventer un théâtre : rien n'était plus facile que cela ; les quatre planches du Théâtre-Français étaient vacantes, et on les aurait données à feu Scarron, s'il était encore de ce monde. D'abord se rencontra un poète de la foule qui inventa la traduction, qui se dit à lui-même, « J'aurai ma soirée », et qui imprima ensuite « J'ai eu ma soirée », parce qu'il avait inventé l'*Othello* de Shakespeare, scène par scène, je ne dirai pas mot pour mot de peur d'indigner ton ombre, grand William !

Vous savez, cher Ariste, quelle a été la dernière et la plus grande de toutes ces inventions : une tragédie étincelante de beaux vers et de barbarismes, mais composée à force de souvenirs, jetée sur le vieux patron de la vieille tragédie. En vérité, il n'y avait dans tout cela que le parterre qui fût tout neuf. Vous vous en seriez aperçu, je vous jure, aux exclamations et aux cris admiratifs de la foule, pendant que les loges écoutaient dans le silence de l'étonnement et du chagrin.

Mais vous vivez bien loin de nous, mon ami; vous ne savez rien de ces transports littéraires qui ressemblent à de la haine que c'est un plaisir, et que vous nous envierez peut-être, parce qu'en dernier résultat c'est encore là une émotion littéraire, et nous en avons si peu!

Toutefois vous avez assez compris la question pour bien savoir qu'au milieu de ces circonstances et au plus fort de ces petites guerres qu'on se livre toujours incognito, toutes les fois qu'il ne s'agit que de vers ou de prose, non de musique et de modes, le plus sot rôle à jouer c'est celui de chef de secte; aussi personne dans les sages n'a voulu de ce poste périlleux. Avant que d'abriter le grand homme qui y tient sa cour à présent, notre Ferney a été offert à toutes les célébrités de l'époque, aucune d'elles n'en a voulu.

Je ne sais rien de plus monarchique que la république des lettres. A ce peuple coassant il faut un maître à tout prix, grue ou soliveau; il n'aura pas de repos avant d'avoir donné le sceptre à quelqu'un. Qui veut de ce sceptre?

Naturellement on l'a d'abord offert au poète qui a trouvé la poésie moderne, à celui qui nous a révélé notre vieille France monarchique et chrétienne ; mais l'auteur des *Martyrs* n'a pas voulu.

Est venu ensuite M. de Lamartine. Sans lui, cette langue française qui sert si merveilleusement à tous les caprices de nos inspirés, comme une prostituée au libertinage public, en serait encore réduite à la mélodie des almanachs de 1700. Sans les *Méditations* nos grands poètes du dix-neuvième siècle en seraient encore aux poésies érotiques et aux contes persans. M. de Lamartine n'a pas voulu.

En fait de poésie active et réelle, qui se mêle à la vie d'un peuple et qui le passionne, ne fût-ce que par le souvenir de son beau langage, personne n'avait plus de droit à ce sceptre littéraire que l'auteur du *Paria* et de *Faliéro*.

Le poète national, le poète, non pas le plus inspiré, mais le mieux inspiré et le plus français de notre âge, M. Casimir Delavigne n'a pas voulu être roi solennellement.

On a fait entendre au Marivaux moderne, au seul auteur qui ait fait école de nos jours, à M. Scribe, esprit fertile qui nous a tant amusés, peintre indulgent de notre petite société de hasard, que s'il voulait être le maître de la littérature, et tout plier à son joug d'ivoire, la chose était facile sans contredit. M. Scribe à tout ce pouvoir préfèrerait un fauteuil à l'académie, nous dit-on; car les fauteuils même de l'Académie ont doublé de valeur depuis toutes les inventions dont je vous parle; les hommes sages veulent être académiciens, ne fût-ce que pour prouver au public qu'ils n'ont pas rang parmi les inventeurs.

Ainsi donc, le sceptre fut long-temps porté de l'un à l'autre parmi ceux qu'on en jugeait dignes; aucun de ceux-là n'en voulut, si bien que la république des lettres menaçait de rester république encore long-temps.

De cela le public se réjouissait, et se récriait aux députés chargés d'offrir le sceptre : « Littérateurs, qu'avez-vous besoin d'un chef? que voulez-vous faire d'une littérature uniforme qui donne toujours le même son; voulez-vous donc tous être poitrinaires, asthmatiques, morts et enterrés? Restez ce que vous êtes, libres, indépendans, sans chefs.

Regardez parmi vous les forts et les sages, ils s'inquiètent peu d'avoir un maître. D'ailleurs si vous voulez être asservis, de quel droit stipulez-vous pour les autres? Clara Gazul, la fougueuse Espagnole, aux créations si complètes et si vives, demande-t-elle un roi? le républicain M. de Fongeray a-t-il délaissé ses lentes promenades et sa canne à pomme d'or pour vous aider à fonder un trône? le poète dramatique qui nous a montré *les États de Blois* a-t-il signé votre acte fédératif ? Comment traiter sans eux et sans d'autres qui veulent rester libres ? Imitez plutôt leur exemple. Plus sages que vous tous, ils ont adopté la devise d'Horace : *mitte super vacuos honores*, ils ont fait comme cet homme prudent des *Puritains*, je crois qu'il se nommait Cuddy. L'honnête Cuddy tue l'ennemi, et permet à son voisin de s'en vanter, se permettant seulement de sourire quand la vanterie va trop haut.

Voyez M. Delacroix : il fait une école, il invente une couleur, il jette l'anatomie dans la peinture ;

il est le roi d'un monde qu'il vient de trouver; cependant il laisse nommer son Amérique par un autre; il a peur d'être le chef de quelque chose et surtout de quelqu'un. Le chef de quoi, d'ailleurs? d'un méchant atelier de peinture! le héros de quelques jeunes femmes à tête exaltée, qui se font à elles-mêmes toute la poésie qu'elles admirent! le dieu des écoliers de l'Estrapade, qui n'ont jamais rien appris au collége, et qui le prouvent en offrant leur admiration à qui la ramasse! » Voici ce que disait la foule, et dans la foule d'autres remontrances s'élevaient qui avaient aussi leur poids.

Ces humbles remontrances venaient de quelques hommes, fort désintéressés dans la question et toujours sûrs d'être sans maître, même avec un roi littéraire, car en ceci ils ne reconnaissent pas de royauté. Ces opposans, amoureux de l'art en lui-même, critiques bienveillans pour les individus, inflexibles pour les corporations, disaient tout haut combien de fois les systèmes avaient tué les lettres naissantes, et dans les littératures faites combien de belles espérances la royauté ou, si vous aimez mieux, l'usurpation avait étouffées; la royauté avec ses barbiers, ses chambellans, ses valets, ses grands seigneurs, ses sinécuristes, témoin le despotisme de Voltaire et des encyclopédistes, et Gilbert mort, J.-J. Rousseau devenu fou. Nous sommes république, disaient-ils ; pourquoi dire à celui ci : Tu régneras ?

Voilà, mon cher Ariste, par quelle suite d'oppositions, de combats, de résistances, et par quelle nonchalance dans les hommes qui pouvaient se défendre avec succès, nous avons enfin un roi littéraire. Les sorcières l'avaient dit : *Tu seras roi, Macbeth*; Macbeth est roi, Macbeth jouit de ses conquêtes, Macbeth s'en prépare de nouvelles. Où se rendront les habitans opposans de cette petite île qu'il a conquise? à présent comment être poète autrement que lui? comment oser s'avouer d'une autre secte? La dictature est déclarée, les faisceaux et les haches sont là, les plus fiers ont baissé la tête. Vous parlez des terreurs politiques, mon ami; la terreur littéraire est bien plus à craindre; le drame a eu ses *septembriseurs*, au Théâtre-français on a crié : A la lanterne! Vous n'avez pas vu cela, Ariste, mais je l'ai vu, moi, et je ne vous le rapporte qu'en tremblant.

Que voulez-vous? on ne fait pas *une œuvre d'art* sans quelque bruit; on ne jette pas au dehors une *pensée complète de poète* sans un peu de scandale; on est Luther ou on ne l'est pas. Qui dit Luther dit toute une longue histoire pleine de sang et de bûchers; reste à savoir seulement si quelque Luther littéraire est possible, aujourd'hui que le Luther religieux ne l'est plus?

Croyez-vous donc que M. de Bonneval, qui se fit turc, exciterait de nos jours le scandale qu'il souleva au temps du prince Eugène? pour ma part, je ne le pense pas.

Je reviens par un détour à ce livre que je vous adresse et à Crébillon le fils, dont je vous parlais en commençant.

Mon livre est justement l'histoire de cette monotone indifférence de notre siècle pour certaines idées, jadis fort poétiques, et dont rien ne peut le forcer à s'occuper de nouveau. J'ai voulu montrer quelque peu la gêne morale d'un homme qui sent le besoin d'une croyance, et qui ne trouve plus cette croyance dans le sanctuaire, parce qu'elle n'est plus nulle part. Comme vous pensez bien, je n'avais à reproduire ni les saillies de Voltaire, dont nous ne voudrions pas aujourd'hui, même quand Voltaire serait encore là pour les faire, ni les transes isolées des héros du roman psycologique, qui vivent comme René en dehors de toute société, ni aucun de ces rêves fantastiques d'une imagination passionnée auxquels M. de Châteaubriand seul nous a fait croire. J'avais à éviter tous les extrêmes par la raison que personne, même en faveur de son émotion ne se reporte plus dans les extrêmes. Voilà le malheur des sociétés de milieu, des croyances de milieu, des littérateurs de milieu. Donnez-moi un fanatique ou un athée il sera facile d'en faire quelque personnage plein d'instinct et de vie; donnez-moi au contraire un homme vulgaire ballotté entre le oui et le non et peu soucieux de savoir si c'est non ou oui, un homme qui ne tient à rien pas même à son doute, le drame me devient impossible. Heureux non-seulement celui qui trouve Don Juan ou René, mais encore qui trouve un monde où le produire! qui rencontre d'un côté assez de foi pour que l'on croie à Don Juan lui-même, d'autre part assez de mouvement et d'émotion pour que l'on croie à l'ennui de René! Voilà les pensées qui durent, les héros qui font époque, le *Misantrope*, *Tartufe*, *Clarisse*, *Verther*; et quand ces types ne sont plus nous avons les caractères de transition, *Figaro*, *Adolphe*, *Manon Lescaut*, *Suzette*; puis enfin le *Mariage de raison* et toujours comme type du roman de toutes les sociétés finies le roman comme le faisait Crébillon le fils.

C'est à l'exemple de cet écrivain qui n'en fut pas un que j'ai imaginé de faire un livre çà et là, marchant au hasard, sans passions, sans événemens, sans intrigues, calme et endormi comme l'époque, vieux comme tout ce qu'il y a de vieux parmi nous; un roman comme personne n'en voudrait faire, excepté Duclos, Crébillon, et peut-être Diderot, pourvu qu'on lui permît de pleurer, de rire, de s'emporter, d'avoir des cris de rage et d'amour, de mêler le blasphème à la prière, ce qui dérangerait un peu le plan de ce roman.

J'ai donc pour premier mérite de n'avoir rien inventé, d'avoir écrit sans plan et au hasard : ce sera peut-être le seul, mais enfin ce sera toujours su mérite qui ne sera pas perdu pour vous qui en avez su si bon gré a Crébillon le fils.

Seulement si notre siècle présente le même aspect que la fin du dix-huitième siècle, s'il dort aussi profondément que lui, il s'est endormi d'un autre œil. Le dix-huitième siècle dormait sur les mœurs, sur son avenir politique, sur l'estime qu'il devait inspirer, sur sa renommée au dehors;

peu lui importait le scandale, les adultères, le règne des favorites et les dilapidations du trésor : il comprenait confusément qu'il allait mourir, et s'occupait fort peu de son économie intérieure et des affaires de la terre. En revanche il s'occupait beaucoup des affaires du ciel, de la vie future, de l'ame, de la matière, des peines de l'enfer, il se faisait athée à toute force, ce qui est un dernier signe de croyance; notre siècle tout au rebours.

Notre siècle ne dort pas sur ses affaires de famille. Il veille à ses mœurs, à sa vie, à sa fortune; il s'occupe de politique et d'affaires d'argent; il comprend qu'il a beaucoup à vivre, aussi ne dort-il que sur les questions religieuses. Il ne s'informe pas ce qu'il doit vivre, il ne veut ni de ceci ni de cela; il voit que ce n'est pas la peine de choisir, que l'immortalité n'est pas une question pour qui a traversé une république et un empire. L'indifférence a changé de place, elle s'est portée du cœur à la tête; mais ne vous y trompez pas, c'est l'indifférence avec les mêmes symptômes. La société que peint Crébillon est une société qui ne demandait que la vie à venir : la société actuelle veut quelque chose de plus, elle demande la vie présente ; si donc, à présent comme sous Louis XV, vous voulez être un bon peintre de mœurs, vous le deviendrez en racontant simplement et sans apprêts tout ce que vous savez, en ne vous effrayant d'aucun souvenir, en levant le voile hardiment, que la scène se passe à la sacristie ou au boudoir ; soyez vrai d'abord, vous serez homme de génie si vous pouvez ensuite, et quand vous aurez trouvé pour vous élever jusqu'aux nues assez de ce public, comme l'a défini Beaumarchais.

Imaginez donc, Ariste, que j'ai retrouvé par hasard chez quelque évêque *in partibus* ce vieux fragment de votre auteur favori, quelque suite inconnue du *Sopha*, rien de plus; alors lisez ce livre avec indulgence, et si vous trouvez quelque ressemblance dans la manière, les mêmes négligences et le même dédain pour les puristes, les dévots, les philosophes, les abbés de cour et les belles petites maîtresses qui rougissent au moindre mot qui a l'air de voiler quelque chose, dites-moi que vous êtes content, car j'imagine qu'avant peu j'aurai grand besoin de vos consolations pendant huit jours, jusqu'à ce qu'il ne soit pas plus parlé de ce livre que du grand prince Zaza.

LA CONFESSION.

CHAPITRE I.

> Tout ceci pour avoir fait une tarte
> à la crème sans poivre.
>
> *Contes arabes.*

> Seulement il s'amusait à faire d'une
> épigramme un roman.

Pour l'honnête homme coupable d'un crime, il n'y a plus de consolation possible aujourd'hui. D'une part nulle croyance bienfaisante, voilà pour le monde moral; d'autre part plus d'abandon et d'amitié parmi ses semblables, voilà pour le monde réel. Que voulez-vous en effet que devienne un malheureux au pied d'un autel sans mystère et sans parfums? quel remède ses amis peuvent-ils apporter à son forfait, quand chacun de ses amis est un juge, quand lui-même est un juge, et qu'au plus fort de ses remords il reçoit sa carte de juré pour les assises du lendemain?

Je ne sais pas de position plus douloureuse que celle-là. A un pareil malheur il ne reste même pas le blasphème; pas un roc au milieu de la vaste mer où l'on puisse échapper malgré les dieux. Aujourd'hui le blasphème est ridicule comme tout le reste : c'est encore une croyance.

Aujourd'hui on ne croit plus à rien. Nous avons vu tant d'immortalités se faner comme des fleurs que l'immortalité est un mot vide de sens. Atroce malheur des sociétés vieillies qui ne peuvent pas mourir, bien au contraire, qui croient prolonger leur agonie en se mêlant à la vie de générations naissantes, comme si un peuple mort se continuait!

Seulement il arrive que la génération qui s'élève se trouvant empêchée dans les rudes et inquiètes étreintes de la génération qui s'en va, tout se confond dans les principes : le passé se mêle au présent; les vieux préjugés de la veille obscurcissent les croyances du lendemain; le monde oublie son âge; imbécile vieillard ou jeune homme emporté, il déraisonne également. Alors entre ces passions contraires s'engage une lutte qui rend un instant l'humanité incertaine de sa route. De ce moment d'incertitude de grands maux peuvent résulter, généraux et particuliers; d'abord la société ne marche pas, ensuite l'individu marche mal; c'est ce qui arrive à la génération ambiguë de notre temps.

L'histoire de cette hésitation pénible est une lacune dans le roman psycologique; d'autres que moi, philosophes plus forts et mieux appris à bien dire, tenteront sans doute de rendre intelligible à toutes les pensées cette situation déplorable entre l'être et le non-être, l'incrédulité et le doute, dans laquelle nous nous trouvons; je me contenterai pour ma part de raconter une assez déplorable histoire, que j'ai apprise tout récemment; une fin malheureuse de jeune homme que nous comprendrons tous parce qu'elle est vraie. Vous verrez dans ce récit sans fard ce que peut une demi-croyance, et combien il vaut peut-être mieux ne rien croire que d'avoir une foi isolée, que d'être seul à s'agenouiller quand tous les autres restent debout. C'est un triste et singulier récit, sans attraits pour toute curiosité frivole, et qui n'a peut-être quelque chose de bien, que parce qu'il est simple et qu'il doit donner beaucoup à réfléchir.

CHAPITRE II.

> Quant à nous autres jeunes gens, nous n'avons pas assez de cœur.
>
> Que sont devenus tes hochets? ta les a-t-on ravis?

Le héros de cette histoire se nommait Anatole; sa famille était riche, et dans ce siècle d'égalité elle était fière d'un grand nom sans que personne s'avisât de se moquer de son orgueil. Toutefois cette noble maison avait été ébranlée comme toutes les autres, et de cet antique écusson gravé jadis sur la pierre, il ne restait que quelques traces douteuses qui demandaient toujours de longues explications. La famille comptait sur Anatole pour relever ce noble édifice. Comme presque toutes les vieilles familles de France, elle avait la conscience de sa faiblesse et de la vanité de ses regrets; seulement elle conservait avec soin ces vains regrets, comme une parure à son usage, comme le délassement obligé de son inaction : c'était le bagage favori de son intérieur. Quant au dehors, l'aspect changeait : tous ces vieux personnages redevenaient très simples et bourgeois comme tout le monde; la vie vulgaire les subjuguait sans efforts, la société de la

Charte les dominait à leur insu, et ils laissaient Anatole agir en liberté dans le monde réel, conservant avec soin pour eux-mêmes leurs gothiques demeures dans le pays des chimères, auxquelles, à leur âge, il leur eût été dur de renoncer.

Anatole était donc un homme du monde nouveau, simple et bon, réfléchi et ambitieux à ses heures, quand il n'avait rien de mieux. Par ses goûts, par ses mœurs, par ses profonds travaux, par son intelligence avancée, par son peu de penchant à l'enthousiasme, Anatole appartenait tout entier à cette génération nouvelle qui a fait justice de tant de vanités; jeune et forte partie du monde politique qui se hâte de vivre et d'apprendre parce qu'elle comprend confusément qu'on a besoin d'elle, que tout meurt autour d'elle, qu'elle doit vivre vite et qu'elle sera remplacée bientôt comme un peuple de transition. C'est elle qui a fait justice en même temps des petits soupers de la régence, des sarcasmes de Voltaire et des gloires si coûteuses de l'empire. Elle a rejeté du même dédain ces vains plaisirs et ces vains travaux; elle s'est fait une gloire plus modeste et plus durable, une philosophie moins incrédule et moins mesquine; elle s'est fait tout ce qu'elle est elle-même : elle est son plus bel ouvrage sans contredit.

CHAPITRE III.

> Et cependant, Bell, on m'appelle mélancolique ; vous avez pu voir que c'est une calomnie.
>
> Rappelez-vous le temps où nous portions des habits blancs : un faux pli eût été pour nous un grand sujet de douleur.
>
> *Pétrarque.*

Notre société est ainsi faite que pour un homme à vastes pensées il n'y a qu'une vie, la vie politique : tout le reste lui est défendu sous peine d'ennuis et de dégoûts mortels. Plus d'émotions, plus d'intérêt nulle part ; la pourpre romaine n'a plus de charmes ; l'épaulette de général n'inspire plus d'ardeur; il n'y a plus que des vaisseaux marchands dans nos ports; la profession de savant n'est plus possible, la science appartient à tout le monde, tant les intelligences marchent chaque jour à une effrayante égalité; il n'y a plus même, pour nous distraire, les ambitions de l'OEil-de-bœuf, les intrigues animées de Versailles; le temps d'être jeune est passé.

Autrefois c'était le bon temps d'être jeune : on entrait dans la vie avec l'assurance de finir en même temps que le royaume; on avait tout à détruire et rien à conserver; on était mousquetaire noir, on se battait en duel, on lisait les romans de Crébillon; on allait saluer madame la marquise; on s'enivrait toute la nuit dans les cabarets et les tavernes, on jouait la nuit, on jouait le jour; on conduisait Beaumarchais à la Bastille par ordre, et quand Beaumarchais sortait de sa prison on allait s'inscrire chez lui par devoir. Tout était jeune alors, peuple, roi, beaux-arts, maîtresses, femmes, ministres; chacun se ruait dans cette jeunesse d'un jour, pour disparaître tous ensemble, surpris par la liberté et les réactions populaires au milieu d'un festin.

Ou bien encore c'était le temps d'être jeune sous l'élégante madame Parabère : on assistait aux premières licences d'une cour dégagée des scrupules religieux du grand roi;

on jouait gaîment les finances du royaume; on faisait sa fortune en vingt-quatre heures avec le financier Law, on la dépensait en moins de temps. C'était une époque de grand spectacle et de petite comédie : un prince voluptueux et savant; Voltaire jeune et déjà moqueur et grand poète; l'*Héloïse* pour enflammer toutes les ames; on était jeune sans inquiétude, toujours sûr de bien finir à la bataille de Fontenoy.

Il en est qui disent que le meilleur temps de la jeunesse fut au siècle de Louis XIV. La vie commençait à l'hôtel de Rambouillet; on voyait face à face le grand Chapelain ; on entendait prêcher

Bossuet à douze ans; on parlait grec avec madame Dacier; on assistait aux fêtes de Fouquet; on s'enivrait avec Chapelle; on faisait des vers à Ninon de Lenclos; on pleurait à la prise de voile de madame de Lavallière ; on soupait avec Molière et Despréaux ; on lisait les contes de La Fontaine, et on finissait à la Trappe avec l'abbé de Rancé, ou à Port-Royal entre les tombes de Pascal et d'Arnaud.

« Parlez-nous des guerres de la Fronde, des longues peurs du Mazarin, des bons mots de M. de Beaufort, le roi des halles; des blanches mains de madame de Longueville et des citations latines en plein parlement de M. de Retz, » se serait écriée la jeunesse de l'empire, cette vive et vaillante jeunesse qui se perdit si vite, alors que chacune de nos années de gloire était une année sans printemps.

La guerre ! ce fut là pourtant notre dernière manière d'être jeunes. Aujourd'hui tout est fini : les chansons des abbés de cour, les favorites, l'OEil-de-bœuf, les prises de voile, la philosophie, les vers, les amours, la guerre, les plaisirs du cabaret, les fureurs de l'ambition, les inquiétudes du duel, le jeu et les bals masqués. Adieu aux frivoles rubans de notre chapeau de jeune homme ! tout est livré à la vie politique : il n'y en a pas d'autre aujourd'hui.

Or, la vie politique ne commence pas avant quarante ans.

Il existe donc entre l'état de citoyen et la jeunesse vingt années d'attente et d'études, pendant lesquelles on n'a pas à espérer d'autre délassement que le mariage, le plus sérieux des plaisirs d'ici-bas.

Anatole consentit donc à prendre une femme : ses parens le voulaient, lui-même il en comprenait la nécessité; et d'ailleurs les plaisanteries sur les maris ont été tellement fatiguées dans tous les sens que personne n'en a plus peur.

CHAPITRE IV.

> .... si je trouve une femme qui veuille de moi ; en attendant, je me suis à demi-tué l'autre jour en avalant une hure de sanglier en l'honneur du carême.
>
> Mais en promenant mes yeux autour de la salle, j'y découvris les plus marquantes de nos ladies, lady*** *divorcée*, lady*** et sa fille, toutes deux *divorçables*; de sorte que je partis d'un éclat de rire.

Pour Anatole, l'embarras était de choisir. On a beau faire, une grande passion ne s'improvise pas ; il ne s'agit pas de se voir et de s'aimer ; on s'est tant vu que l'amour devait y perdre ; il n'y a plus d'amour, plus de transports, plus de ces invincibles mouvemens auxquels il faut obéir à toute force : ce monde est un monde de politesse, de sourire, de calcul; un monde de raison froide et correcte : il n'y a pas plus d'ordre et de symétrie dans les marchés de femmes de l'Orient.

Plusieurs partis se présentèrent ; dans une certaine position sociale les partis ne manquent pas.

La première était une jeune fille blonde et blanche; à peine on l'aurait prise pour un être de la terre. La vie était encore indécise dans cette belle personne; elle n'attendait pour vivre qu'un mortel qu'elle pût aimer.

Anatole eut peur de cette frêle

création, il tourna ses regards ailleurs.

La femme qui s'offrit à ses regards était brune, vive et joyeuse ; toute sa figure respirait le plaisir ; ses dents étaient blanches et son œil était noir. C'était une fille impatiente de liberté et d'avenir ; elle n'attendait pour se jeter dans le monde qu'un mortel qu'elle pût aimer.

Anatole recula devant cette fougue de jeunesse ; tant d'impétuosité féminine l'intimidait.

On lui parla d'une jeune orpheline élevée au milieu de toutes les vertus ; on vantait ses qualités de bonne ménagère ; elle savait tous les travaux qui font prospérer une maison; elle ne lisait pas de romans et ne peignait pas à la gouache; elle n'avait pas eu de maître à danser; elle n'attendait pour sortir de ce calme qui pouvait être éternel qu'un mortel qu'elle pût aimer.

Anatole ne conçut pas tout le bonheur qu'il aurait de vivre avec une femme qui mettait des bas de laine en hiver.

Il y avait à la cour la veuve d'un homme de haut rang : c'était une femme riche et fière; elle avait du crédit chez les ministres ; elle était belle. Elle avait juré surtout d'éviter un nouvel hymen, sa résolution était inébranlable : on disait cependant tout bas à Anatole qu'il n'y avait pas de serment si bien juré qui ne pût s'enfreindre, et qu'elle pouvait faire la fortune d'un époux.

Mais Anatole respecta la foi du serment.

Quand il fut convenu que de toutes ces personnalités aucune ne convenait à Anatole, il n'y eut pas de femme qui ne se mît à intriguer pour son propre compte; chacune se plaça sur les rangs avec ses avantages de naissance ou de nature : ce fut une lutte terrible à qui l'emporterait.

Les unes lui parlaient de leurs belles années, de leurs rêves de jeunes filles, de leur besoin d'aimer et d'être comprises; mais Anatole ne les comprenait pas.

Les autres quand le soir était venu, et que la clarté des bougies était douce et faible comme le soleil couchant, regardaient Anatole d'un œil à demi fermé; un soupir moitié sourire entr'ouvrait leurs lèvres, et après un instant de silence elles lui demandaient s'il n'avait jamais aimé, s'il ne comprenait pas le bonheur de vivre à deux, de n'avoir qu'une volonté et qu'une ame? mais Anatole ne les comprenait pas.

Il y en avait qui, sans y songer, se plaçaient à leur piano; d'abord c'était un air incertain, des sons fugitifs, une fantaisie, un rêve, un rien; puis ce rêve prenait une forme, les sons devenaient éclatans, et ce prélude sans façon se changeait en un chant de victoire, une mélodie d'amour; c'était de la grace, c'était de l'inspiration, c'était du génie.... Anatole ne comprenait pas.

Souvent il y avait des mères qui disaient à leurs filles : « Dis-nous donc, ma fille, l'élégie que tu as faite hier au soir par ce beau clair de lune; nous sommes seuls, et monsieur sera indulgent. »

Et alors, sans se faire prier, la jeune muse lisait ses vers. Sa tête était penchée ; son sein remuait doucement; l'harmonie coulait de ses lèvres; la passion la plus vraie respirait dans ses vers : « Quand viendra-t-il celui que mon cœur doit aimer ? comment sera-t-il, ma mère ? où est-il ? que je baisse les yeux ! » et tant d'autres récits d'amour.

Mais Anatole ne comprenait pas.

Quelques-unes arrivaient dans tout l'apprêt de leur beauté ; l'éclat du diamant qui brille sur un beau front de femme a séduit bien des cœurs. Oh ! le magique effet, quand non-seulement le front d'une femme est resplendissant de feux, mais encore le derrière de sa tête ! et sur son corsage l'éclat des rubis, et sur son col la blancheur des perles, et autour de ses bras la grace des camées ; et des dentelles pour vêtement, et pour chaussure la soie qui crie, et des gants parfumés, et le pied qui semble nu; et des fleurs au corsage, et à la main des fleurs. Et tout cela entre tout à coup à la lueur d'un bal, aux sons enchanteurs d'un bal, au murmure des hommes qui se pressent; et par hasard un regard tombe sur vous avec un sourire : un regard pour trois ou quatre dans la foule, un sourire pour vous seul.

Mais Anatole ne comprit pas.

Il en vit une qui montait un cheval fougueux : elle conduisait l'animal en se jouant; elle excitait sa colère; elle allait plus vite que les airs; les airs soulevaient son voile comme pour mieux laisser voir son visage rose et animé; partout sur son passage on disait :

« Quelle taille! quel courage! quelle vigueur! »

Anatole ne comprit pas.

Elles firent si bien qu'Anatole s'en remit à sa mère pour le choix d'une épouse. C'est là en effet un office de mère; pour deviner une femme, il faut une femme : une mère se trompe rarement.

CHAPITRE V.

> Sérieusement, j'achète une femme et un anneau ; je prononce la formule, et du sein de mon Paradis, j'écrirai un nouvel *Inferno*.
>
> Au surplus, elle était agréable et jolie.

La première fois qu'Anatole vit la fiancée que lui avait choisie sa mère, ce fut sans savoir qu'il la voyait. Arrivé près de sa demeure, il avait mis son cheval au pas, et il cherchait déjà son compliment de bien-venue, quand soudain, à travers l'aubépine en fleurs et sous les arbres du parc ; voilà une jeune enfant qui court les cheveux épars ; elle traverse la clairière : on dirait que les arbres élèvent leurs branches à son aspect ; à peine le cheval d'Anatole peut-il la suivre. La voilà qui s'arrête devant les cygnes du bassin ; puis elle franchit la barrière, et caresse les dogues de la basse-cour. Elle monte le large perron ; elle monte l'escalier : c'en est fait elle disparaît.

« L'aimable enfant ! » se disait Anatole en remettant la bride de son cheval à un domestique de la maison ; « le joli enfant ! sans doute c'est la sœur de ma femme ; puisse ma femme lui ressembler ! »

Quand l'heure du dîner fut venue, la porte du salon s'ouvrit, et la jeune enfant qu'Anatole avait vue d'abord se présenta, grande et belle personne, bien prise dans sa taille, enjouée et modeste. « C'est ma fille, » disait son vieux père avec cet air d'orgueil qui sied si bien à un père.

Elle fit les honneurs de la table avec une grace charmante. Anatole était son voisin, et elle ne s'adressait pas plus souvent à son voisin qu'aux autres convives. Elle parlait peu, elle mangeait peu surtout, comme si elle eût appris combien c'est un triste spectacle que la gloutonnerie d'une femme.

Puis quand on se fut levé de table, elle se trouva dans le salon la première ; elle eut une parole pour tous, elle prit la main des vieillards, elle embrassa cordialement toutes les femmes; c'est un parti pris entre les femmes de s'embrasser quand elles sont devant les hommes.

Après quoi elle arrangea toutes les parties, elle fut de toutes les parties; elle joua le wist avec son oncle le chevalier de Saint-Louis, et elle le gagna, bien qu'elle sut qu'il aurait en ce cas-là une revanche à lui demander.

Et quand on la pria de chanter, elle chanta. Elle ne savait pas un seul air de Rossini; elle chanta des romances du vieux temps, des airs de trois notes, sans accompagnement et sans roulade; elle les chanta simplement, comme les lui avait appris sa grand'mère, et c'était un plaisir de voir les vieilles têtes de l'assemblée s'agiter en cadence à ces airs nouveaux du bon temps. Rien ne rafraîchit un souvenir comme l'odeur qu'on a respirée, comme la chanson qu'on a chantée.

La société était composée de vieillards, de ces bons personnages d'ancien régime, dont les torts, s'ils en ont eus, ont été si cruellement expiés. Ils avaient mis en commun leurs regrets cuisans du passé, leurs paroles frondeuses du présent; ils se plaisaient à ramener en lumière leurs vieilles rancunes politiques, leurs vieilles affections littéraires : alors seulement leurs paroles retrouvaient une énergie qui les faisait écouter. Pour un homme de notre époque c'est là peut-être une assez insignifiante société ; mais sans nul doute on ne pouvait choisir un meilleur théâtre et de meilleurs acteurs pour montrer une jeune fille dans tout son jour. Sa jeunesse ressort de cette décrépitude ; son sourire est plus doux vis-à-vis ces visages mécontens ; son insouciant abandon dans le présent intéresse davantage, à l'aspect de ces vifs regrets du passé. Il n'est pas jusqu'au large fauteuil à ramages et à fleurs dans lequel elle est assise, jusqu'aux glaces brisées qui reflètent son image, jusqu'au tapis à figures sur lequel son pied se pose, qui ne fasse paraître sa taille plus élégante, son visage plus frais, et son joli pied plus petit.

Il eût fallu interroger Anatole lui-même pour savoir tous les détails de cette soirée; il s'en rappelait les plus légers détails : il aurait pu vous dire les moindres mouvemens d'Anna, et comment sa robe blanche était faite, et comment elle lui fit un salut comme à un ancien ami, quand il fallut se séparer; il avait encore à l'oreille le son de cette voix sonore et pure, quand du haut de l'escalier la jeune fille disait un dernier adieu à son vieil oncle et aux amis de son père, qui retournaient dans leurs foyers.

CHAPITRE VI.

Voici des paroles pour un air; si elles ne vous conviennent pas, déchirez-les.

J'ai lu en entier vos contes persans.

Quand il la revit pour la seconde fois, il ne retrouva plus qu'un enfant. Elle jouait dans la basse-cour; c'était le matin quand tout se réveille dans un chateau, quand tout s'agite, quand tout chante : il y a là un moment de joie universelle, une douce odeur de chèvre-feuille, un tranquille aspect de campagne auxquels on ne résiste pas. Anatole revit sa fiancée avec autant de bonheur que si la veille il l'eût cru perdue à jamais. Il ne lui dit pas un mot d'amour; il ne lui prit pas la main; il lui parla comme à une enfant et elle répondit en enfant.

« Voyez-vous, lui dit-elle, cet oiseau qui s'élève dans l'air?

— C'est l'alouette matinale qui chante sa chanson d'avant midi, répondit Anatole ; entendez-vous ses gazouillemens entrecoupés, ses transports éclatans, ses demi-silences ? C'est le plus joyeux des oiseaux du ciel.

— Non, reprit-elle, ce n'est pas

l'alouette ; il fait trop de soleil pour ses faibles yeux : à l'heure qu'il est, l'alouette est tapie dans les blés en fleurs. C'est plutôt le moineau franc qui sort de la grange et qui porte la picorée à ses petits.

— Vous avez bien raison, disait Anatole, c'est plutôt le moineau franc.

— J'imagine, reprenait-elle, que c'est un jeune corbeau échappé de son nid : son bec est noir, ses plumes sont noires, il est fort, il est vif; voyez comme mes jolis pigeons se pressent déjà à son aspect. En vérité c'est un corbeau échappé de son nid.

— C'est vraiment un jeune corbeau, répétait Anatole en souriant.

—A présent j'aime mieux que ce soit un oiseau de proie; un bel oiseau aux pattes jaunes, au bec crochu, qui s'élance sur sa proie, qui la presse et la déchire; qui revient à son aire couvert de sang, qui trouble la nuit de ses cris sinistres; la terreur des petits lapins qui broutent le serpolet mouillé de la rosée du matin.

— En vérité c'est un épervier au beau plumage, disait toujours le complaisant jeune homme.

—Ai-je dit un épervier, monsieur? reprenait-elle; non, je n'ai pas dit un épervier. C'est un vautour aux plumes pendantes, à l'œil terne, couleur de cendres, qui se jette sur les cadavres, et qui attend la retour de l'été pour découvrir les vieux débris au fond de l'eau.

— Un vautour, dites-vous, Anna! » et il se pressait auprès de la jeune fille comme s'il avait eu peur.

« Que vous êtes bon de vous épouvanter, reprenait-elle. Non, non, ce n'est pas un épervier, ce n'est pas un vautour, ce n'est pas un corbeau : il faut aux corbeaux de vastes cathédrales gothiques dont les flèches se perdent dans les airs. Ce n'est pas un vautour; c'est un modeste et simple rossignol, qui fuit le jour, qui cherche à ramasser dans sa course les insectes vagabonds, qui ce soir sera rentré dans le creux d'un chêne et qui charmera le clair de lune par ses chants doux et plaintifs. »

Anatole était transporté : « Aimable enfant, dis-moi ce que tu veux, tu auras toujours raison; je dirai toujours comme toi, alouette, épervier, vautour, corbeau, rossignol, que m'importe? je veux être de ton avis toute ma vie; désormais je veux penser comme toi! »

CHAPITRE VII.

> Il m'a semblé qu'hier, quoique beau dans son rôle, il est resté au-dessous de ce qu'il était à la première représentation.

> Il perd son temps avec des douairières et des filles à marier ; avec les jeunes c'est une spéculation hasardeuse, et avec les douairières ce n'est pas la peine d'essayer.

Huit jours après, je me trompe, deux jours après Anatole revint encore. Cette fois ce ne fut plus l'enfant qu'il retrouva, ce fut la jeune et grande fille. Elle n'était plus dans la basse-cour en simple déshabillé du matin, elle était assise dans le salon avec toute la gravité d'une maîtresse de maison. Anatole fut d'abord un peu déconcerté : c'était elle et ce n'était plus elle; elle n'avait plus de sourire, son air était dédaigneux, et l'insouciant abandon de toute sa personne faisait un triste contraste avec sa piquante vivacité de la veille. « Qu'avez-vous donc ma jolie fiancée? » lui dit-il, avec un air plus poli et plus embarrassé qu'il ne s'y était attendu d'abord.

« Je pensais, reprit-elle d'un ton dégagé, aux différentes positions des hommes et à l'état le plus heureux de la vie. »

La question surprit Anatole : il n'avait pas imaginé qu'elle pût la faire, car c'était positivement la même question que lui avaient adressée toutes les autres femmes sur lesquelles il avait jeté les yeux.

Cette fois cependant il voulut y répondre de son mieux; et comme on fait toujours quand on est embarrassé, il y répondit par une interrogation.

« Hélas! dit-il, pour une femme il y a tant de manières de vivre et d'être heureuse que l'embarras peut être grand quand elle y songe. Le monde est ainsi fait que pour une femme il y a partout du bonheur: du bonheur dans la vanité, du bonheur dans le crédit, du bonheur dans la renommée. A son mari les longs travaux, les insomnies d'ambition, les avides calculs, les efforts de patience et de génie; à elle le repos, le crédit, le respect, le bonheur.

Aimeriez-vous, Anna, pour votre époux un magistrat à longue robe noire doublée d'hermine, un homme qui aurait le droit de vie et de mort? Que de pleurs versés à vos pieds! que de misérables à votre porte! que de mères désolées qui vous tendraient les mains, comme si à vous seule appartenait le droit de faire grace! Voudriez-vous un magistrat pour votre époux, Anna?

— Oh! oui, disait-elle, je voudrais un magistrat pour mon époux.

— Ou bien, reprenait-il, à la place

de cette sombre figure et de ces tristes regards à l'ouverture des assises, et de cette vie de barreau monotone et cachée, si vous étiez unie à quelque militaire vif et beau, que les femmes regardent de côté, qui est toujours prêt à tirer l'épée pour vous plaire, qui passe devant vos fenêtres à la tête de son régiment, et qui vous salue de son épée au son des fanfares guerrières, ne seriez-vous pas plus heureuse, dites-moi, que d'être la femme d'un magistrat?

— Oui, plus heureuse sans doute, reprenait Anna, intéressée au dernier point.

— Encore, madame, ne vous ai-je point parlé d'un grand seigneur; car à la place d'un futile guerrier, qui désarmé ne sait plus rien vous dire, qui pince de la guitare tout le long du jour, qui fume comme un Allemand, et dont la fierté vit d'épargnes; que serait-ce donc si vous vous appeliez madame la comtesse, avec des armoiries sur un champ de gueules et d'azur, soutenues par les griffes de deux lions à la queue recourbée ? Que diriez-vous si la porte de votre hôtel était gardée par un suisse au large baudrier ? vous suivie par un coureur au chapeau surmonté d'une plume verte ! et les ministres vous souriant en passant dans les petits appartemens ! sans compter que vous pourriez dire à votre amie intime avec un air modeste et réservé : Je vais demain danser à la cour!

—A la cour! que je voudrais aller à la cour! reprenait-elle; être regardée, être enviée, voir le roi, suivre les chasses du roi, assister à toutes les fêtes de ce monde à part! Mais hélas! quel courtisan voudrait de moi pour sa femme? »

Et elle dit ces mots avec un accent de regret si profond qu'Anatole en eut peine; il comprit qu'il avait fait un essai dangereux, et il voulut revenir sur ses pas.

« Quand je dis un grand seigneur, j'ai tort, Anna; un grand seigneur est un être maussade, qui se pousse et s'intrigue, qui soupire et qui pleure, qui rit pour les étrangers et qui s'emporte pour sa femme. Parlez-moi, pour le bonheur, de la vie d'un artiste; d'une vie de poète qui crée, qui jette la passion à pleines mains autour de lui, qui enflamme, qui saisit le parterre. La toile se lève : on joue son œuvre, la foule applaudit et pleure, son nom est demandé par mille bouches : vous entendez, au milieu d'un silence qui frémit, prononcer le nom de votre époux; vous êtes heureuse de sa gloire, vous êtes fière de son bonheur; son nom est votre nom, votre immortalité sera la sienne; il est le roi du monde poétique qu'il a découvert, et ce monde est à vos pieds.

—J'aime mieux un grand seigneur, reprenait Anna.

— Mais, poursuivait Anatole déjà fort inquiet, je ne vous ai point parlé de la vie d'un riche propriétaire, de ces champs qu'il faut ensemencer, de ces travaux qu'il faut conduire, de cette activité de tous les instans qui donne à la vie entière la durée d'un jour. Ah! croyez-moi, chère Anna, cette vie de campagne est le bonheur, cette vie est le vrai pouvoir. Là seulement il est permis d'être père, d'élever son fils, de nourrir sa fille, de voir son héritier se battre avec les fils de son fermier. Là seulement point de disgraces cruelles, point d'ambitions déçues, point de mensonges, point de calomnie, rien des villes, rien de la cour. »

Mais Anna était pensive, elle ne

répondait pas ; c'en était fait, elle pensait à la cour.

De cet instant Anatole comprit confusément la faute qu'il avait faite. Le malheureux était la victime d'un jeu fatal ; lui-même il avait évoqué le fantôme qui détruisait son bonheur à venir. C'est en vain qu'il voulut revenir sur les décevantes images qu'il avait offertes aux yeux d'Anna, qu'il voulut parler de ses propres expériences, de son avenir à lui, de ses vastes projets de jeune homme ; si éloquent pour des chimères, il ne trouva pas un seul mot pour la réalité.

Il arrivait à Anatole ce qui est arrivé à tous ceux qui ont joué avec le paradoxe.

Le paradoxe est comme la pierre d'un monument funèbre. D'abord son éclat vous séduit ; vous la soulevez doucement : c'est un poids si léger que vous la soulevez encore ; un effort de plus et le marbre est à vous.

Mais à l'instant même la pierre retombe de tout son poids ; vous voilà enseveli sous le marbre taillé pour un autre, et le passant peut lire, sans se douter que c'est vous qui gisez là :

« *Ci-gît très haut et très puissant seigneur,* » et autres formules, précédées de toutes les armoiries d'une grande maison.

CHAPITRE VIII.

Cléopâtre me frappe comme le résumé de son sexe. Coquette jusqu'au bout, avec l'aspic comme avec Antoine.

Je n'ai vu personne qui ait beaucoup gagné au mariage; tous mes contemporains qui ont passé sous le joug sont chauves et mécontens.

Si Anatole eût pu savoir sans interroger personne ce que c'était au juste qu'un homme de cour aujourd'hui, il se serait fait courtisan pour plaire à sa jeune femme; tant il y a de folie même dans l'amour le plus sensé!

Mais le mot *courtisan* est un de ces mots presque cabalistiques de la langue qui se sont tellement effacés parmi nous qu'ils ont besoin d'un commentaire; et à certaines choses on ne demande pas de commentaires, on aurait l'air de trop s'y intéresser.

« Quand elle sera ma femme je lui apprendrai qu'il n'y a plus de courtisans dans le monde, » se disait Anatole, et il se rassurait un peu.

Mais cependant il était triste. Se voir chargé du bonheur d'une femme, savoir que la vanité même de cette femme est encore un bonheur, et n'être qu'un homme de la foule; se mettre tout entier à la merci d'une femme, et savoir qu'une femme ne se livre jamais toute entière ! jeter à regret un dernier regard sur cette vie aventureuse du célibat, et savoir qu'on va sortir de ces charmantes tentations de chaque jour, pour retomber dans le cercle monotone et si souvent parodié du mariage !

Mais il n'était plus temps de penser à tout cela.

Après l'annonce d'une bataille perdue rien ne marche aussi vite qu'un mariage commencé : celui d'Anatole était fait qu'il ne le savait pas encore. A tout prendre on n'avait fait qu'obéir à ses plus chères volontés. Ses parens, ses amis étaient réunis; sa jeune épouse était parée; la fleur virginale de l'oranger se balançait fièrement à son côté; elle avait placé sa main dans la sienne; ils avaient reçu tous les deux le matin même la bénédiction nuptiale; encore un instant, le bal joyeux va s'ouvrir, et après tout sera dit.

Ici l'historien de cette singulière aventure, arrivé malgré lui à l'instant fatal de son récit, éprouve le besoin de bien répéter au lecteur qu'il n'invente pas, qu'il n'est pas à la suite d'une fiction, toujours le maître de l'arranger selon la vraisemblance ou d'après les règles du drame. Ceci est un fait au-delà des choses qu'on imagine. Aussi bien l'auteur a-t-il pris garde de présenter Anatole simplement et sans aucune phrase épisodique qui puisse expliquer ou justifier l'action qu'il lui reste à raconter.

CHAPITRE IX.

> *Memento.* Acheter demain un joujou pour Elisa.

> Et qu'à toi seule soit le bonheur et à moi le crime. Pardonne-moi, chère adorée!

Je serai très simple et j'irai vite : à quoi bon s'appesantir sur un fait qu'on ne peut pas expliquer? Sans doute il existe une cause aux moindres mouvemens de l'homme, mais cette cause qui peut la dire? Et si quelqu'un pouvait la dire où serait la poésie? Le meilleur romancier est celui qui ne sait rien de la fable qu'il raconte, qui ne comprend rien aux hommes qu'il fait agir, qui sait leurs noms et leurs caractères, et qui rapporte leurs paroles, et qui dit : « Voilà l'homme que j'ai vu; voilà le fait que j'ai appris ; à présent je suis quitte avec vous, faites de cela ce que vous voudrez, commentez-le à votre usage, pour ma part je n'irai pas plus loin. »

Il y a quelque chose de lugubre dans un bal de mariage. Personne n'est à la fête qui se donne, le mari moins qu'un autre; il est déjà si fatigué quand vient le soir !

Ah! cette foule qui se place entre vous et votre épouse, ces jeunes gens qui la dévorent du regard, ces femmes qui se parlent à l'oreille en vous regardant, ce rôle passif que vous jouez dès le matin, cette famille qui n'est pas la vôtre, ces plaisirs qui vous poursuivent; et au lieu d'être toute à vous, votre femme qui danse et qui se livre à ses plaisirs de jeune fille.... Il y a là de quoi mourir mille fois.

Et puis on pense à l'éternité qui va vous envelopper, elle et vous; à ce mot *toujours* qu'on a prononcé le matin sans en comprendre le sens; à l'abîme qui sépare cette vie de votre vie, cette ame de votre ame. On revient alors avec amertume sur ses rêves de jeunesse, quand on s'emparait d'un monde poétique, quand on était si sûr et si fier d'être libre, si heureux de son âge; on se souvient de tout alors, de ces longues matinées de chasse, de ces longues soirées de travail, et de tant d'années de délicieuse paresse auxquelles il vous faut renoncer.

Cependant le bal était dans tout son éclat, et depuis long-temps l'orchestre jouait en détonnant les airs les plus saillans de Rossini.

Quand un homme est mal à l'aise il s'en prend à tout ce qui l'entoure. «Quel malheur, se disait Anatole, que d'entendre les airs d'*Otello* défigurés par ces musiciens de village! Les barbares! ils arrangent à la taille de leurs danseuses les fougueux transports d'une passion toute africaine! Ne dirait-on pas, à voir ce délire, que la danse est toute la vie! Hélas! et moi aussi je suis comme ces airs défigurés de l'*Otello*. Moi aussi je sers de prétexte aux ébats de cette foule; toutes les femmes qui sont ici n'ont vu dans mon mariage qu'une occasion de venir au bal »; et il soupirait amèrement.

Dans ce moment l'orchestre changea de mesure; un air plus violent commença : c'était une valse. Anatole, au milieu de la foule qui se ruait aux accens frénétiques de cette musique, aperçut sa femme presque hors d'elle-même qui dansait avec un beau jeune homme, et d'abord il ne la reconnut pas.

Mais il eut un pressentiment de son malheur. C'est comme un éclair qui vous frappe à l'ame ; vous n'avez rien vu encore, vous avez tous les droits du doute ; cependant vous êtes sûr.

Justement à côté d'Anatole il y avait une vieille femme. Vous en rencontrez beaucoup de cette sorte dans le monde : des femmes âgées qui veulent être jeunes ; leurs épaules sont découvertes, leurs cheveux sont dressés en échafaud ; elles portent des robes de couleurs tranchantes ; elles ont du fard et du blanc. Celle qui était près d'Anatole sentait le musc ; elle tenait à la main un lorgnon qu'elle appliquait sur son œil gauche; son œil droit était fermé, et sa bouche ouverte dans tout l'abandon d'une curiosité béante laissait entrevoir des dents jaunes et inégales; elle était affreuse ainsi.

« Voilà pourtant comment sera ma femme un jour! » pensa tout bas le malheureux jeune homme.

Au même instant sa femme repassait devant lui dans tout l'entraînement de la valse; à peine ses pieds touchaient la terre, et son corps était légèrement penché sur le bras de son cavalier.

Anatole souffrait horriblement. Cette foule, ce bruit, cette valse où tout se confond! cette vieille

femme en jeune costume ! cette
fausse musique, et ce faux parfum,
et ce faux sexe! le bruit de l'argent
que se jettent les joueurs! et lui
obligé de remplir le rôle principal
dans toutes ces folies! Il veut fuir et
ne peut pas fuir, car sa femme est là.
A présent il n'est plus seul, il est
avec une autre lui-même qui peut
le déshonorer aussi bien que lui; à
présent c'en est fait de son repos,
de son bonheur, de l'estime publique : il n'est plus seul pour en
répondre, il ne peut plus en répondre à personne, il est devenu
étranger à lui-même, il n'est plus
lui, lui Anatole, homme grave et occupé, peu soucieux de grand monde
et de vifs plaisirs. O honte! le voilà

en robe de crêpe et couronné de roses qui exécute une contredanse vis-à-vis un conseiller d'état!

Le martyre dura jusqu'à cinq heures du matin.

CHAPITRE X.

> Nous sommes tous au fond des misérables. — Ils m'ont rendu fou.
>
> *Hamlet.*

> Oh!... et... ah!

Je raconte toujours : si ce que je dis est atroce, qu'on s'en prenne à mon récit, et non pas à moi.

On livra donc à Anatole sa jeune épouse. Ordinairement c'est une mère qui se charge de ce devoir, une mère qui pleure, qui verse des larmes aussi chastes que les larmes de sa fille. Alors on comprend que l'intervalle qui sépare l'époux du lit nuptial puisse être rempli : la mère de sa femme est là ; elle pleure, elle parle, elle prie, elle fait des vœux, elle se tait; mais elle est là qui veille sur tout ce malaise et qui pour ainsi dire le purifie. A la noce d'Anatole, il n'y avait pas de mère : on le laissa brusquement seul avec sa femme. Singulière transition de ce mouvement à ce calme étrange! de ce bruit à ce lugubre silence! de cette jeune fille qui valse l'œil en feu et la gorge haletante, avec cette jeune femme qui se tient debout auprès du lit aussi pâle que les rideaux!

Dieu! qu'elle était différente alors de ce qu'Anatole l'avait vue d'abord! Ce n'était plus ce joli enfant si animé et si rose, si riant et si volage; vif et frais et naïf, et d'un si doux regard quand elle disait : Bonjour! d'un si tendre soupir quand elle lui disait : Adieu !

C'était une figure blanche et fatiguée, des yeux appesantis, des bras pleins de sueur, une parure en désordre, et tout cela éclairé par la lueur terne et blafarde du matin qui déjà se montrait à travers les carreaux.

L'appartement était aussi dans un désordre funeste, car on avait livré toute la maison aux danseurs, même la chambre nuptiale; les meubles étaient épars çà et là, la table d'écarté était encore ouverte, le lit avait été froissé par la foule, et des verres à demi-pleins avaient été abandonnés sur les consoles : « Triste retraite ! et triste ! triste lumière pour un jour de noces ! » pensait Anatole. En même temps il se rapprochait de sa femme.

Il voulut lui parler; mais, ô terreur ! il se trouva qu'il avait oublié son nom de jeune fille, le nom dont il l'avait saluée le premier jour. Il fit de vains efforts pour retrouver ce nom qu'il avait tant aimé, ce nom charmant composé de deux syllabes, que le prêtre avait murmuré à ses oreilles encore ce matin; il ne put jamais le retrouver. La sentinelle qui perd son mot d'ordre s'expose à être frappée de mort.

De sorte qu'après un pénible instant d'hésitation, et un de ces silences sans passion qui souvent séparent à jamais deux êtres qui allaient s'entendre, Anatole fut obligé de dire : Madame, à sa femme, que la veille il appelait : Anna.

Elle répondit par une larme, une seule; après quoi elle se mit au lit en silence. Il se plaça à ses côtés muet comme elle. Il sentit alors bien clairement qu'il était perdu dans l'esprit de sa femme.

Cela se fit en moins de temps que je n'en mets à le dire.

La position était cruelle; elle était modestement couchée comme dans le lit de sa petite chambre verte à côté de son père; elle était là sans désir, sans peur, et elle s'arrangeait pour dormir: tout était dit entre elle et lui.

Il le comprit; mais il comprit aussi quel triste avenir lui était réservé. Il vit d'un coup d'œil la jalousie, la haine, le déshonneur; il se figura lui, jeune homme, occupé à veiller sur sa femme pendant le jour, et la nuit couché là, sans dormir; des nuits sans amour et sans sommeil, et des jours sans repos!

« Jusqu'à ce qu'elle meure elle et moi! »

En même temps il revenait pour la troisième fois à regretter sa vie passée. Cette femme qui dormait là d'un sommeil indifférent c'était la sienne, elle était liée à lui pour toujours ; ou plutôt il était à elle, à elle tout son bonheur. « Plus de bonheur pour toi, pauvre Anatole ! »

Et il résolut violemment de prendre un violent parti : restait seulement à savoir quel parti.

Mais avant tout, il voulut comprendre tout ce qu'il avait perdu ; il voulut au moins serrer dans ses bras cette femme qui ne pouvait l'aimer : « Qu'elle soit à moi une fois ! une seule ! que je sente ses lèvres sur les miennes ! suis-je le seul qui n'ai pas de droits ? »

Alors il s'approcha d'elle ; il la trouva bien loin de lui qui s'était pressé contre l'alcove : il souleva sa tête, il voulut faire battre son cœur; tout dormait, la tête et le cœur. Pauvre Anatole !

Cependant il la tenait embrassée, étroitement embrassée; il y avait du désespoir dans ces étreintes, de la rage dans cet amour isolé. Il était seul en effet, seul en proie au plus violent désespoir; il cherchait un nom qu'il ne pouvait prononcer, un nom qui devait la tirer de son sommeil, ce nom qu'il avait perdu.

« Anna! dit-il enfin, entendez-moi, Anna! c'est moi, Anna! » et en même temps ses deux mains robustes entouraient le cou de la malheureuse fille, avec la fureur d'un homme qui se noie et qui s'attache à un roseau.

Quand il détacha ses mains, la pauvre Anna poussa un grand cri, un cri de malaise et de mort: c'est ainsi qu'elle répondit à l'appel de son époux.

A ce cri la maison s'ébranle; le charivari marital a commencé; les paysans font des décharges de mousqueterie. A leur sens ce cri était le signal de fêtes nouvelles, le signal attendu de l'amour heureux, le gage certain de la défaite d'Anna, le premier cri que pousse une femme avant d'être mère..... Ainsi pensaient l'oncle d'Anna, et son vieux père et tous les amis de la maison.

Mais son oncle et son vieux père ne trouvèrent plus qu'un cadavre, et sur ce cadavre Anatole évanoui; et le joyeux charivari s'entendait dans le village que toute la maison prenait le deuil.

Et les cierges qui avaient éclairé le mariage d'Anna fumaient encore, lorsqu'il fallut les rallumer pour les placer sur son cercueil.

CHAPITRE XI.

> Il a jeté sa bourse à un ver luisant qu'il a pris pour un voleur.

> Je ne puis attribuer sa frayeur qu'à une paire de pistolets tout neufs dont il était armé.

La plus fatigante et la plus incurable maladie de l'homme c'est le remords; la goutte n'a que le second rang.

Le remords attache un ennemi à chacune de vos artères; il crispe vos nerfs de son haleine; il arrête le sang qui circule; il précipite les battemens du cœur; il jette le froid dans tous vos membres; il couvre votre front de sueur; il s'assied à table à votre place, et vous tournez en vain autour des convives pour avoir part au festin. La nuit, quand parfois vous dormez, il se pose d'aplomb sur votre poitrine; puis il se penche à vos oreilles; puis il vous parle tout bas; puis sa voix augmente, puis elle éclate comme un tonnerre; jusqu'à ce que vous vous réveilliez seul dans la nuit. C'est un épouvantable mal!

Aux autres maladies du corps humain il est des remèdes qui guérissent et des remèdes qui soulagent : les sucs bienfaisans des plantes de l'été; le lait nourricier au printemps; les eaux chaudes des Alpes; les bains en pleine mer; le doux ciel de l'Italie; le beau climat de Provence; la paix et le calme, et les fleurs, et les joies du festin. Qu'il est doux d'être malade à ce prix-là!

Ou bien sur votre lit de malade se penche avec ferveur une sœur de charité; un coup de ciseau retranche de votre corps le membre malade, et vous jouissez de votre convalescence aussi bien que si votre corps existait tout entier.

Il n'est pas jusqu'aux transports de la folie qui n'aient leur charme. Être poète et créer; se passionner chaque jour jusqu'au rire ou jusqu'aux larmes; être roi ou homme de génie, ou traîner une vie de héros à travers toutes sortes de misères. C'est encore la manière la plus économique et la plus sûre d'être poète aujourd'hui.

Mais le remords! le remords est implacable; il prend toutes les formes, il usurpe toutes les places. Vous fermez votre porte à triple serrure, en lui laissant toutefois une ouverture pour entrer. Le remords dédaigne cette étroite voie : Il frappe en maître à votre porte, vous êtes forcé d'ouvrir; et quand la porte est ouverte, il prend sa place au foyer domestique. Si vous avez un enfant, il le tient sur ses genoux. C'est votre hôte, donnez-lui la meilleure place dans votre cœur.

Le remords est la seule des émotions de l'homme que le temps n'ait pas dénaturée; le remords durera autant que l'homme; il peut se faire que l'amour ou l'ambition passent avant lui.

Quand Anatole ouvrit les yeux, la première chose qu'il aperçut ce fut le remords; il était vêtu d'un linceul et il tenait son cou à deux mains.

A présent fuis ou demeure, ferme les yeux ou veille, chante ou pleure, tu auras beau faire, le remords sera toujours là.

CHAPITRE XII.

...... non pede claudo.

Je brûle, voilà tout.

La douleur est muette. Elle suit à pas lents un cercueil ; elle s'agenouille sur un drap mortuaire ; elle fixe d'un œil hagard les cérémonies funèbres ; elle s'arrête immobile au bord de la fosse entr'ouverte, heureuse quand elle est seule et qu'elle peut pleurer.

C'est là tout ce qu'elle peut : n'exigez rien de plus.

Pendant que ses compagnes ensevelissaient Anna, elles furent troublées dans ce pieux devoir par un inconnu de haute taille et d'un visage redoutable. Il s'arrêta longtemps devant ce corps inanimé; il s'abaissa vers cette tête penchée, vers ce cou bleuâtre comme si la mort l'eût touché depuis longtemps; on eût dit un homme de justice qui venait constater une mort violente.

« Hélas ! monsieur, disait la vieille nourrice, l'apoplexie a passé par là; elle a noirci le cou de ma pauvre enfant, elle a rempli ses yeux de sang, elle a ouvert sa bouche si fort que je ne puis plus la fermer. Ma douce Anna est morte comme sa mère, d'un coup de sang. »

L'inconnu ne répondit rien, mais il sortit en jetant un regard de triste présage sur Anatole qui reprenait ses sens ; il était déjà sur le seuil de la porte lorsque tout à coup il se rapprocha de lui.

« Monsieur, » lui dit-il, et il était debout devant lui, haut de six pieds, « monsieur, regardez-moi en face, regardez ce front et sur mon front ces rides qui se croisent : songez à me reconnaître quand vous me reverrez ; car sur mon ame et la vôtre, monsieur, nous nous retrouverons ! »

CHAPITRE XIII.

L'ame de l'homme n'est qu'une partie de sa fortune.

Peut-être aussi faut-il faire la part de ces habitudes étranges et détachées que j'ai prises en devenant mon maître jeune.

Anatole ne versa pas une larme; il ne prononça pas une parole pour expliquer cet étrange événement. Il prit le deuil parce qu'il ne trouva que des habits noirs sous sa main, et il rentra dans la société, cité par tous comme le plus malheureux des hommes et le plus digne des époux.

Déjà même on s'agitait sourdement pour lui rendre une femme à la place de celle qu'il avait perdue ; seulement on attendait le terme de rigueur.

Ce n'était pas à quoi songeait Anatole : son avenir était détruit, pour lui le monde était désert; il était seul désormais ; mais de cet avenir, de ce monde, de cette foule il ne voulait plus rien ; il donnait tout pour une heure de repos, seulement une heure, et il était content.

Le repos le fuyait toujours. C'est pourtant si peu de chose dans le cœur que le remords! un poids qui tient si peu de place! un mouvement si fugitif! Il le sentait, et il en était accablé.

Plus il étudiait son ame, et plus il se perdait dans ce triste dédale. Quels rapports entre ce moment passé et l'heure présente? quelle est la chaîne indestructible qui réunit ces deux époques? qui empoisonne l'une par l'autre? qui met la veille à la place du sommeil? et si cette chaîne existe, comment la rompre? peut-on la rompre?

Il interrogeait toutes les opinions; il passait en revue tous les systèmes; il s'arrêtait avidement sur toutes les erreurs. « Vaines sensations! » se disait-il avec un sourire forcé; mais la sensation devenait alors si cruelle que son corps reculait d'effroi. Et il était forcé de se rassurer un peu par ces terribles paroles : « C'est une maladie de l'ame, voilà tout. »

Puis il arrangeait ses douleurs de telle sorte qu'il devenait à ses propres yeux une espèce de héros digne d'éloge, qui se sacrifiait à des chimères; un homme à part qui s'épouvantait à plaisir; il se faisait honte de ses terreurs, et il prenait une résolution forte. « Cette nuit, je veux dormir. » Et il tirait ses rideaux pour écarter les fantômes de son lit.

Mais la nuit venue, et malgré sa résolution, il ne pouvait dormir; il se jetait sur le flanc des heures entières; il fermait les yeux de toutes ses forces; vain espoir! Plus de sommeil, plus de doux sommeil; plus de rêve endormi ; plus de molle langueur qui vous saisit le soir d'une douce chaleur, qui assouplit vos membres sur le mol édredon ; qui calme votre cœur et vos artères; qui glisse légèrement sous votre chevelure ; bienfaisante vapeur qui ranime la pensée et qui s'enfuit doucement le matin aux premiers rayons du jour.

Ou bien après ces longues insomnies il tentait de reprendre ses études, de se perdre de nouveau dans les rians détours de l'antiquité; de revenir aux chefs-d'œuvre si chers à sa jeunesse, aux poètes qui avaient fait sa vie. Mais hélas! la poésie n'avait plus de couleur, l'héroïsme n'avait plus de formes, la fiction n'arrivait plus à son ame comme une réalité. Tout cela n'était plus qu'un jeu frivole, un vain son perdu dans les airs, et il rejetait avec dédain ses poètes favoris.

Il en était de même pour l'histoire. L'histoire de Tacite, celle de Juvénal, lui paraissaient pâles à présent. Il l'écoutait comme un conte de vieille femme ; il ne reconnaissait plus ni Néron, ni Tibère ; il ne frémissait plus ; au plus fort de sa lecture il tombait dans un rêve sans fin, lisant toujours.

Un soir que le livre lui était tombé des mains et qu'il était plongé dans cet état d'immobile stupeur qu'il préférait encore à tous les autres, son regard s'arrêta par hasard sur une longue figure immobile et pâle qui semblait le regarder fixement. C'était une image effrayante à voir : des joues vides et amaigries, les cheveux hérissés, des lèvres pendantes, un horrible aspect : « Quel crime a donc commis ce malheureux », pensait Anatole. « Es-tu mort, es-tu vivant ? s'écriait-il tout bas. En vérité, il est encore plus à plaindre que moi ! »

Il fut attéré quand il découvrit que cette horrible figure était la sienne que reflétait la glace de l'appartement.

Il détourna la tête, et il aperçut sur la muraille opposée une belle tête de jeune homme, calme et sereine, dans l'attitude du recueillement et du bonheur.

Hélas! c'était encore lui.

Même ce soir-là il n'eut pas une larme.

CHAPITRE XIV.

Pends-toi, philosophie !... je n'avais jamais craché à la face de l'espèce humaine.
Hamlet.

O insensé ! j'en perdrai la raison !

A la fin il comprit ce qu'il savait dès le principe : il comprit qu'il n'y avait pas de remède là où il l'avait cherché ; que la philosophie était une science de luxe à l'usage des gens heureux, et qui ne pouvait rien pour le malheur. Il laissa ses livres comme une fatigue, et il s'abandonna à d'autres pensées.

Quand il n'y a plus de croyance dans le monde, il y en a encore pour le désespoir.

Il songea d'abord à se livrer à la justice des hommes, à satisfaire à la loi qu'il avait violée, à se faire dire par ses semblables : « Tu es un meurtrier. » Il voulut courir au-devant de la peine ; l'interrogatoire et des fers, et les lentes agonies du dernier jour ! Mais aussi la peine infligée à sa famille, la honte pour son père, l'infamie sur sa jeune sœur ; une infâme injustice pour expier un meurtre : il ne put pas s'y résoudre absolument.

Ce n'est pas que la peine ne lui fît envie. Il enviait la vie des bagnes, le supplice des forçats à la chaîne, leurs longues tortures qui effacent les maux de l'ame, leurs fatigues suivies de sommeil; il enviait jusqu'à la flétrissure éternelle qui leur ôtait tout désir de rentrer dans le monde. Il regardait un forçat comme un plus honnête homme que lui, et il se découvrait quand la chaîne passait.

A plus forte raison le dernier supplice. Aux jours d'exécution il était des premiers à la place de Grève et il se disait (c'étaient ses seuls instans de calme): « Que ne suis-je comme ce misérable, si lentement traîné, regardé par la foule qui l'applaudit et qui le plaint? Au moins il paie sa dette, il est quitte avec la justice des hommes; au prix de sa vie il reprend le rang qu'il a perdu ; il ne vit pas au prix d'un mensonge ; il est là homme libre répondant de son crime corps pour corps. Moi seul je suis un lâche et un menteur. »

Ainsi pensait-il, et les femmes qui étaient à ses côtés le regardaient et se le montraient du regard en frémissant, et elles semblaient se dire : « Voilà un ami du criminel qui passe ; nous verrons peut-être aussi celui-là passer à son tour. »

CHAPITRE XV.

A l'âge où il n'y a pas d'isolement.

Où l'on dit sans rougir credo.

Cette idée d'échafaud et de Grève ne lui était pourtant venue que bien tard; il avait imaginé d'abord des consolations moins poignantes, mais qui, dans l'état de doute où il se trouvait, lui semblaient moins naturelles. Cela fit qu'à force de douleurs il s'abandonna à des pensées qui n'étaient plus de la terre. Ce fut d'abord une vague et confuse idée religieuse, un vain caprice; puis bientôt ce fut un besoin, et malgré lui il en vint à se laisser entraîner à ce dernier espoir de calme et de repos qui s'élevait pour lui derrière l'autel.

D'abord il se rappela les croyances de ses premières années, sa foi vive et pure, et sa joie enfantine quand aux premiers sons argentins de la cloche il s'acheminait le dimanche vers l'église de son village, tout fier de donner le bras à sa grand'mère. Ce jour-là, tout avait un air de fête et de calme, toutes les femmes étaient en belles robes; tous les hommes étaient en habits neufs; les boutiques de barbier seules étaient ouvertes et laissaient voir des physionomies riantes et rajeunies. Pour aller à l'église il fallait traverser le cimetière, un petit champ parsemé de pavots et de croix de bois; il fallait se faire jour à travers la foule pour atteindre une place choisie dans le chœur; et dans le chœur il s'agenouillait à côté de sa grand'-mère et il priait tout bas avec elle; puis, quand on entonnait les chants religieux, il priait tout haut, il chantait comme les autres; mais il chantait avec les femmes, et sa voix d'enfant se mariait très bien avec ces voix de femmes; puis arrivait le pasteur précédé du suisse à l'innocente hallebarde; puis le dernier adieu du prêtre;

après quoi toute la foule se dissipait en silence, et sortie du cimetière c'étaient des cris joyeux; chaque habitant se tenait sur sa porte avec un regard de bienveillance et un salut cordial; puis le vieux sacristain au commencement du repas offrait de l'eau bénite aux convives; et le soir commençaient les danses du hameau. Il se rappelait la moindre histoire de ces temps de féerie, vous pensez avec quels regrets !

Il se rappelait, entre autres choses qu'il avait à peine huit ans quand il fut le parrain de sa jeune sœur. Une de ses cousines était la marraine, jolie brune de dix-huit ans, qui lui donna le bras jusqu'au presbytère, et qu'il conduisit fièrement aux fonts baptismaux. Oh! comme alors son cœur vint à battre quand le bon curé de son village, avec toute la majesté de sa belle figure et revêtu des habits dans lesquels il recevait son évêque, lui demanda avec toute gravité son nom d'enfant et son nom d'homme! quand il exigea sa profession de foi! quand il le fit renoncer à Satan et à ses œuvres! Qu'il était heureux de répondre ainsi de sa sœur devant les autels! qu'il eut un moment indicible de noble orgueil quand on lui présenta les registres à signer, et que pour la première fois il fit un usage sérieux de sa signature! C'étaient là d'amers souvenirs.

Justement au milieu de ces souvenirs il fut interrompu par sa sœur. « Voyez, mon frère, la jolie robe et quel frais chapeau et quelle écharpe brillante comme l'arc-en-ciel! Pour vous plaire j'ai mis le collier à grains noirs que vous m'avez donné pour ma fête. Regardez, mon frère, et quels petits souliers, et quels jolis gants, et quel beau soleil de mai! Me laisserez-vous donc languir toute seule à l'hôtel? ne mettrez-vous pas votre habit et votre ruban pour m'accompagner et me donner le bras? La promenade est si belle! les amandiers laissent tomber les fleurs; l'air est doux, tout Paris est à la promenade à présent. Venez, mon frère, je veux qu'on nous voie ensemble et qu'on vous porte envie, et que tous les hommes disent : Qu'il est heureux ! »

« C'est pourtant moi, se disait Anatole, qui pour elle ai renoncé au monde et à ses vanités ! »

CHAPITRE XVI.

> J'ai été chez Wealhe, le dentiste, faire visiter ma bouche, il prétend que je grince des dents en dormant et que je les ébrèche.

> Tout le monde me connaît, je suis difforme.

Qui pourrait raconter le sommeil d'Anatole et faire l'histoire de ses songes, arriverait à une horrible histoire : une douleur cachée et nerveuse, une douleur sans larmes, et pour comble, une obstination inexorable à se rappeler cette première nuit des noces, si fort qu'il sentait encore sous ses deux mains l'empreinte chaude et jeune de ce cou de femme; il entendait ce râle de mort; il voyait encore le funèbre cortége suivi de tant de pleurs.

C'était toujours le même spectacle, toujours la même horreur, toujours, toujours le même fantôme sous la même lumière terne et triste; une lumière qui n'est pas du ciel, qui sort de la terre, qui n'a ni mouvement, ni vie, ni chaleur: comme le soleil un jour d'orage en hiver.

Toujours devant ses yeux immobile et pâle. Pauvre enfant, qu'il avait vue si joyeuse et si vive, et qui lui tendait la main avec l'affection d'une sœur! pauvre enfant, qui faisait vivre de sa vie son vieux père et son vieil oncle ! qui rendait à ces deux vieillesses égales une égale chaleur ! aimable fille, dont la voix animait toute cette vaste maison ! dont la course rapide vivifiait ces longues allées ! « Tout cela est mort avec elle ; et encore de quelle mort ! une fin languissante, des larmes taries, un long deuil ; tout cela est mort, parce qu'il a plu à toi, misérable, de t'emporter contre le destin que tu avais choisi.

Qu'avait-elle donc fait pour être ainsi troublée ? Pourquoi, pourquoi flétrir ainsi cette douce existence ? Elle t'avait souri dès l'abord ; elle t'avait aimé autant qu'une femme peut aimer, moins que le bal ;

elle s'était livrée à toi dans toute la confiance de son cœur; tu avais juré de la protéger, et c'est par toi seul qu'elle meurt. »

Le malheureux eût donné sa vie pour avoir seulement Yago à ses côtés. Yago, avec sa légère calomnie, ses mots entrecoupés, son froid sourire; Yago pour l'accuser et le punir : mais pas d'Yago, pas de gage d'amour oublié, rien que son crime.

Il se tordait les mains, il dévorait sa couche; il poussait de sourds rugissemens. A force de s'agiter, il retrouva à sa main l'anneau d'or que lui avait donné sa femme, une alliance dans laquelle étaient gravés leurs deux noms avec une date: ce nom qu'il avait oublié une fois, cette date qu'il ne pouvait oublier un instant!

Ce n'était que lorsqu'il avait épuisé toutes ces douleurs, lorsqu'il était revenu pas à pas et lentement sur cet affreux passé, quand il avait vidé la coupe jusqu'à la lie, qu'il pouvait reposer un peu. A vrai dire, c'était un triste sommeil, entrecoupé de clameurs et de sursauts; trop heureux encore quand cette espèce de repos s'emparait de ses sens!

Une nuit, il venait à peine de s'assoupir quand il fut réveillé par des cris de joie et des lueurs inaccoutumées dans les rues, et tous les détails d'une fête. Debout sur son lit il resta attéré; il croyait entendre des fanfares, des cris de joie, le nom d'Anna prononcé dans la foule; il se crut perdu : « Grace! grace! criait-il; faites-moi grace de ces cris de fête, je ne suis plus à mon jour de noces; grace! par pitié, grace ! »

C'était une nuit de fête publique, étincelante de feux inaccoutumés et remplie de bruyantes clameurs; la foule joyeuse passait sous les fenêtres d'Anatole, sans se douter qu'il existe des douleurs qu'on ne doit pas réveiller.

Il resta plus d'une heure dans cette horrible perplexité; il ne se rassura quelque peu qu'en portant ses regards sur un Christ d'ivoire que lui avait donné sa mère. C'était une assez grande image de la passion échappée au ciseau de quelque artiste italien ; la figure du Christ était belle, couronnée d'épines et penchée comme la tête d'un Dieu, mais d'un Dieu qui va mourir.

A la fin Anatole se sentit assez malheureux pour n'avoir plus de honte. Depuis long-temps il voulait en finir avec le doute, il voulait se repentir comme se repent un chrétien. Il sortit donc de son lit et s'enveloppant dans sa robe de nuit il traversa à tâtons ses vastes appartemens, son salon si froid, sa bibliothèque silencieuse ; il entra dans la chambre de son fidèle domestique qu'il avait relégué bien loin pour n'avoir pas de témoin de ses douleurs. Le pauvre garçon était plongé dans un profond et bruyant sommeil ; sa tête était nue, ses cheveux roux et longs retombaient sur ses grosses joues. « Pardon si je te réveille, George, lui dit Anatole, mais il faut rendre un grand service à ton maître. Lève-toi donc en toute hâte et cours chez M. l'abbé Paul. Va, cours. S'il dort, réveille-le ; s'il te dit qu'il viendra dans la journée, prie-le de venir à l'instant même ; s'il te demande qui l'appelle, dis-lui que c'est moi qui l'appelle ; et s'il ne veut pas venir pour moi si matin, parle-lui de quelque pauvre du voisinage qui se meurt et qui l'appelle. Qu'il vienne, qu'il vienne à tout prix ! »

Anatole n'avait pas fini que le

bon George était debout. L'honnête garçon était à peine éveillé, et tout ce qu'il avait entendu lui était arrivé comme à travers un nuage; cependant il savait déjà tout ce qu'il avait à faire : rien n'est intelligent comme l'instinct qui sait aimer.

CHAPITRE XVII.

> Mais au demeurant je vous prie de ne point parler de ces choses selon les termes de ces bonnes gens du temps passé qui bien souvent n'ont fait que rêver.
>
> *La fortune de la cour.*

Anatole avait vu l'abbé Paul dans le monde, et du jour ou il l'avait vu, il l'avait aimé. Toute la personne de l'abbé commandait la confiance : grave sans être austère, lettré sans être pédant, poli sans fadeur, il avait toujours à la bouche de bonnes et savantes paroles, toujours de la charité dans le cœur. On racontait beaucoup d'histoires à propos de l'abbé Paul : une jeunesse orageuse et violente, de vives et intrépides passions, une ame de feu. Ce qui était vrai c'est qu'avant de se faire homme d'église il avait été homme de guerre, au plus fort même de nos guerres de la République et de l'Empire; de sorte qu'il s'était fait chrétien par amour du repos, et prêtre par philosophie. Ainsi avait-il accompli les premières lois du sacerdoce : beaucoup voir, beaucoup souffrir, beaucoup savoir, et enfin beaucoup prier.

Anatole eut un cruel moment d'hésitation après le départ de George; tantôt il eût voulu le rappeler :

il s'accusait de faiblesse, il se figurait en pénitent devant ce prêtre dont il avait été presque le compagnon; tantôt il se rappelait tout ce qu'on disait des vertus de l'abbé et de son inépuisable bienveillance; puis il songeait à tous les maux qu'il avait à souffrir, aux remords qui le déchiraient : « Qu'il vienne! s'écriait-il, qu'il vienne! » et il accusait George de lenteur.

Puis il craignait que malgré lui l'abbé Paul ne le prît en pitié en le voyant si faible. « Se confesser, lui homme du dix-neuvième siècle! dire à un prêtre qu'il a péché! accepter sa punition avec ferveur! Il avait bien vu dans ses courses vagabondes de pauvres femmes, agenouillées sur la pierre autour du tribunal de pénitence, attendre, les mains jointes, que leur tour fût venu; il avait souvent remarqué leur joie subite et leur marche légère en sortant de l'église; mais jamais il n'avait songé qu'il pût en venir, lui, à demander à ces malheureuses femmes une place à leur côté; jamais il ne s'était imaginé qu'il irait, lui, se placer à cette grille de bois qui sépare le pénitent du confesseur; et pourtant quelle différence entre lui et ces bonnes femmes, entre son crime et ce qu'elles vont dire là!

Sa nourrice, par exemple, si bonne et si douce, et si patiente; cette femme qui a mis au monde sept enfans dont cinq ont été tués sur le champ de bataille, qui à présent encore travaille seule pour soutenir son vieux mari; cette bonne Marie qui a travaillé toute sa vie comme pas une bête de somme ne travaille, qui n'a jamais refusé d'ouvrir sa porte à l'homme pressé de la faim, qu'a-t-elle fait, Marie, pour venir me disputer à moi une place où c'est elle qui sera étonnée de me rencontrer?

Que peut-elle avoir à dire à son juge? quel crime a-t-elle commis? quel crime, quelle faute, quelles terreurs? Et si elle a raison de venir au confessionnal, si elle trouve quelque bien à s'y rendre, pourquoi donc y viendrais-je moi, moi, malheureux ! qui lui ressemble si peu ? »

CHAPITRE XVIII.

N'es-tu donc qu'un moine pleureur ?

C'était une machine à imagination.

Comme il se parlait ainsi à lui-même, entra l'abbé Paul. Soit que George l'eût réveillé de trop bonne heure, soit que cet appel inusité l'eût frappé de surprise, il avait l'air aussi embarrassé que son pénitent. Cependant sa figure était calme, et en le voyant Anatole fut assuré; il sentit qu'il n'était plus seul, qu'il retrouvait mieux qu'un ami, qu'il allait parler enfin de tant de douleurs. « Qu'avez-vous, lui dit l'abbé, et comment suis-je assez heureux pour que vous ayez besoin de moi, et que puis-je faire pour vous ? Parlez, monsieur, usez de moi, je suis tout à vous ». Et son regard ordinairement doux et calme, devenait vif et passionné.

« Hélas ! reprit Anatole, j'ai tant de choses à vous dire, que je ne sais par où commencer. Voilà long-temps que je suis un homme perdu de chagrins. J'ai tout épuisé pour revenir à la raison ; j'ai tout fait pour avoir un instant de repos ; je suis aujourd'hui plus à plaindre que jamais. Cette nuit si vous saviez combien j'ai souffert! je me suis imaginé qu'en vous voyant je serais soulagé. Pardonnez-moi, je vous prie, une si triste indiscrétion; pardonnez-moi comme on pardonne à un malade frappé de mort. »

L'abbé Paul était muet. Était-ce bien ce même jeune homme qu'il avait vu dans le monde, si aimé, si estimé, si honoré, jeune homme de si bel avenir? Anatole le comprit.

« Oui, c'est moi, c'est moi-même, reprit-il tristement; cette figure pâle et maigre, c'est moi; cette raison perdue, c'est moi; ce désespoir sans trêve, c'est moi; cet homme qui vous appelle dans la nuit, qui veut vous voir, oui, mon père, qui veut vous voir, vous parler, vous demander le pardon du ciel; cet homme qui veut se confesser à vous, à vous, mon père, c'est moi, c'est ce même Anatole que vous avez vu si fier de sa science, si fier de son esprit. Cet homme qui s'était fait une religion à lui tout seul, le voilà de la religion du dernier lazzaroni, qui se repent d'avoir manqué à la messe: Me voilà; à présent écoutez ce que je vais vous révéler.

—Vous à mes pieds! » s'écriait enfin l'abbé Paul, et sa voix tremblait, et ses genoux pliaient sous lui; « vous me traitant comme un prêtre! vous déposant dans mon sein le secret de votre vie! Arrêtez, monsieur, arrêtez; savez-vous si je suis digne de votre confiance? savez-vous si je puis recevoir votre secret? Au nom du ciel, écoutez-moi; apprenez qui je suis, calmez-vous!

— Je suis calme, reprit Anatole, beaucoup plus calme que je ne l'ai jamais été depuis long-temps. Je l'ai résolu ; je veux avant tout me confesser à vous d'un grand crime, pour qu'il en arrive ce que voudra notre religion, car je suis chrétien comme vous, et j'ai droit à toutes vos prières, si je n'ai pas droit à vos bénédictions.

— Anatole, répondit l'abbé, je voudrais savoir si vous parlez à l'homme ou si vous parlez au prêtre. L'homme est peut-être digne de votre confiance; en ce cas, je puis vous offrir tous les secours d'un honnête homme à son semblable, toutes les consolations d'un chrétien à un chrétien. Pour vous j'ai les conseils d'un ami; pour vous j'ai ma fortune, j'ai mon sang s'il le faut. »

Anatole l'interrompit: « Je ne veux pas d'ami, je veux un confesseur. Ce n'est pas vous, monsieur, que j'ai fait appeler, c'est le prêtre, le prêtre seul, avec son pouvoir de délier dans les cieux ce qu'il aura délié sur la terre; le prêtre avec le pardon d'en-haut. Je veux la bénédiction d'un prêtre, les paroles d'un prêtre, la pénitence d'un prêtre : car mon crime est grand, et il faut un grand pouvoir pour me le pardonner. »

A ces mots, l'abbé Paul demeura confondu.

« Vous me voyez aussi malheureux que vous, monsieur, reprit-il après un instant de silence ; mais ce que vous me demandez n'est impossible : depuis deux ans que je suis dans les ordres, vous êtes le premier qui ayez imploré sérieusement mon ministère. Pardonnez-moi, moi qui n'ai jamais eu peur, votre confession m'épouvante ; je tremble d'avoir à porter un fardeau trop pesant. De quel droit, moi qui vous parle, irai-je pénétrer le secret de votre vie, sans savoir aucune des formules du sacrement que vous me demandez, sans savoir comment je puis faire descendre l'absolution sur votre tête? Encore une fois, je ne suis rien qu'un honnête homme, rien de plus qu'un ami; je puis pleurer avec vous, prier avec vous, mais vous imposer les mains, devenir votre juge, prononcer votre arrêt dans ce monde et dans l'autre, décider de votre repos et de votre foi, non, non, mon Dieu! non, la tâche est trop au-dessus de ma conscience et de mes forces. Non, je ne suis pas investi d'un caractère assez sacré pour oser soutenir face à face l'aveu terrible que vous voulez me faire; je ne suis pas un prêtre pour vous; sur mon ame, monsieur, je n'en ai pas le droit!

— Voilà ce que j'avais pensé d'abord, dit Anatole avec un rire amer; j'imaginais bien que votre robe noire était une tromperie, et que tous les remèdes contre les remords que promet le christianisme n'existent pas, et ne sont qu'un vain mensonge. Je vous sais gré, monsieur l'abbé, de n'avoir pas voulu me mentir à moi.

— En ce cas, vous pouvez m'en croire, dit l'abbé, ce ne sont point là de vains remèdes : moi-même ils m'ont guéri de ma vie de soldat; mais plus la plaie est profonde, plus il faut que le médecin soit habile. Je ne me crois pas assez fort pour vous guérir; je suis encore trop un homme, le même homme que j'étais autrefois, pour n'être qu'un prêtre. Vous voulez un prêtre, jeune homme : cherchez-le. Aujourd'hui les prêtres sont rares : il en est qui naissent prêtres; mais on ne peut plus en faire. Cherchez un prêtre, confiez-lui le crime qui vous pèse : qu'il soit assez éloquent pour vous arracher des larmes, que dans son discours, dans ses gestes, dans sa prière il n'y ait rien de la terre. A un pareil homme il faut un cœur de fer, une main de fer qui pèse sur vous, une inflexible voix qui vous écrase. Vous parlez d'une confession, monsieur; ah! croyez-moi, de tous les actes de notre vie faire une confession ou la recevoir est le plus difficile : il faut être moins qu'un homme et plus qu'un homme. Attendez encore : peut-être n'avez-vous pas assez souffert pour être assez patient ; attendez, vous trouverez un confesseur quand le moment sera venu.

— J'attendrai donc, j'attendrai s'il se peut encore, reprenait Anatole au désespoir ; j'attendrai tant que le ciel le voudra ; mais que je n'attende pas long-temps, mon père, j'aime mieux mourir.

— Et cependant, cher Anatole, permettez que nous ne soyons pas étrangers l'un à l'autre, permettez-moi de venir vous arracher quelquefois à votre solitude, de venir vous parler en ami.

— Non, non, s'écriait Anatole, non, ne venez pas me voir : le criminel n'a plus d'amis ; la présence d'un homme me tue. Plus d'hommes, plus d'amis pour moi à présent ; je ne veux plus voir qu'un prêtre, je ne veux que parler à un prêtre. Vous n'êtes pas prêtre : partez, éloignez-vous, laissez-moi tant que vous ne serez qu'un homme ; si vous êtes prêtre, venez à moi et je tombe à vos pieds. »

La scène était trop violente pour les sens épuisés de ce malheureux. L'abbé Paul appela son fidèle George, et il sortit le cœur plein de larmes et de regrets.

Il venait de comprendre en effet combien peu il était à la hauteur de son sacerdoce et de ses pénibles devoirs.

CHAPITRE XIX.

Il y a un point sur lequel l'auteur se trompe, je ne suis point athée.

Je crois, c'est-à-dire, je doute ; aujourd'hui c'est la croyance.

Le premier refus d'un prêtre enhardit Anatole ; cette idée de confession, qui d'abord avait été vague et indécise, prit une forme plus arrêtée. « Il faudra bien que dans tout ce clergé catholique un homme se rencontre assez fort pour m'entendre et pour m'absoudre ; » et il espérait encore, premier bienfait de cette idée religieuse qui lui avait semblé si étrange d'abord.

En d'autres temps, et avant que son repos s'y trouvât intéressé, c'eût été un vif sujet de curiosité pour ce malheureux jeune homme d'étudier, dans ce qu'il a de plus intime et de plus caché, le mécanisme du sacerdoce catholique. Il eût voulu savoir par quelle loi se conduit ce clergé romain battu par tant de tempêtes, émigré, long-temps errant et sans asile dans toute l'Europe chrétienne, et enfin de retour au milieu de croyances ébranlées, seul, sans secours à Rome, ayant perdu la propriété, un de ses beaux caractères, et n'ayant guère plus d'influence qu'une milice admise à la retraite, qui monte la garde aux portes du Luxembourg. L'innocent et paisible vétéran s'amuse encore de ces soins presque militaires ; il pose son arme dans la guérite comme trop lourde pour son bras fatigué, et il se plaît, témoin naïf, à regarder les jeux des petits enfans, en maudissant la discipline militaire qui l'a empêché d'être père, lui aussi.

Cette singulière position d'un clergé à la solde de l'État, qui vit encore d'après ses vieux préceptes quand tout a changé autour de lui, est en effet une chose digne de remarque. D'un côté, les restes vénérables de ce clergé français, aussi malheureux que la royauté quand la royauté fut bannie; ces vieux prêtres échappés au serment civique, nés dans l'or et la pourpre, rois de leurs cathédrales, et si bien faits au repos des calmes prieurés, aux réfectoires des grasses abbayes; hommes de vie décente et molle, dont l'esprit était habitué au langage savant des congrégations, aux mystiques rêveries des couvens de femmes, aux miracles de Long-Champs ou de Port-Royal; martyrs échappés au massacre, et revenus à la suite du roi, mais sans donner aucune charte aux religions divergentes. A ces prêtres d'autrefois, il ne faut plus que la paix et le sommeil; ils ne sont plus dans le clergé de France que pour mémoire : c'est un clergé fini comme la royauté de Louis XV ; aujourd'hui Louis XV serait un bon bourgeois, fort peu jaloux de gouverner, un honnête homme, cachant ses plaisirs, amoureux d'opéras-comiques, et méprisant de toutes ses forces les traductions, les préfaces, les monologues, les portraits de grands hommes, et surtout les vers nouveaux.

Mais d'autre part, et opposé à ce vieux clergé de noble et fière origine, s'élève, de nos jours, un jeune clergé sans consistance, sans famille, ne tenant à aucun lien social : pauvres diables éperdus qui cherchent la Sorbonne en sortant de Saint-Sulpice, qui trouvent en

Sorbonne des philosophes, des orateurs profanes et pas une thèse à soutenir. O malheur! le sanctuaire s'est découvert tout-à-coup ; les lévites effrayés se pressent et se comptent, et ils ont peur de se trouver en nombre si petit; et quand ils se demandent : « Qui de nous est riche ? » ils restent abattus dans le commun silence; et quand ils montent dans la chaire sainte, ils trouvent que la parole échappe à la chaire. Plus de Massillon, plus de Bourdaloue. Plus de ces paroles brûlantes qui soulevaient la ville et la cour : à peine un écho affaibli de Bossuet se fait-il entendre quelquefois, tant le sublime est facile à contrefaire! Et dans l'année, plus de fêtes solennelles où le peuple se presse en foule, plus de ces temps de jeûne et de mortification, plus de longues cérémonies, suivies de tremblement et de respect. Il n'y a même plus de sarcasmes contre la foi; la guerre de la philosophie a cessé; on aurait honte de se moquer des prêtres, ils sont devenus citoyens comme nous : citoyens, quoique prêtres ! Ainsi affligés, le moyen de reconquérir tant de priviléges perdus ! Quoi donc ? la charité et les dons de l'aumône, ces soins touchans pour l'humanité malheureuse, sacerdoce le plus sacré de tous, il n'est pas de citoyen qui ne le dispute à ce clergé improvisé. Le voyageur est percé de coups sur le chemin, et le lévite qui passe détourne la tête en soupirant, car il n'est plus assez riche pour jeter l'huile et le vin sur ces blessures. Le sacerdoce appartient de nos jours au publicain qui revient sur ses pas, au propriétaire d'oliviers ou de vignobles qui se sent assez homme pour avoir de la pitié.

CHAPITRE XX.

N'es-tu donc qu'un moine pleureur ?

C'était une machine à imagination.

Voilà ce que disait à Anatole un vieux carme déchaussé d'autrefois, dont la fortune avait été soumise à bien des vicissitudes. A dix ans, joli enfant aux cheveux blonds et aux yeux bleus, il avait déjà la besace sur le dos, et il mendiait pour son couvent dont les revenus égalaient ceux d'un prince. C'était là une joyeuse et sainte vie. Entrer dans la basse-cour, et recevoir de la fermière le premier œuf de la poule qui chante; parcourir la moisson, et choisir les plus beaux épis, revenir de la vigne aussi chargé que les messagers de la terre promise, et le soir lutter avec les frères à qui rapporte les plus riches aumônes; s'endormir en chantant des prières; se réveiller aux sons argentés de la cloche; porter la bannière de son ordre plus droite que toutes les autres bannières et ne jamais céder le pas à personne, telles avaient été les premières années de sa vie. Enfant recueilli par la charité, qui n'avait que son cloître pour toute patrie, pour toute famille, pour tout avenir.

Cette douce existence avait été troublée; et par la force des choses, de carme déchaussé il s'était fait comédien.

Le métier avait été rude. Des cris de mort et des vœux de sang, voilà pour la comédie de la terreur; puis une niaise et puérile pitié, voilà pour la tragédie de l'Empire; des prologues d'opéra et des vaudevilles guerriers pour compléter ces richesses littéraires. Et déclamer dans les villes, dans les carrefours; lutter avec un poisson amphibie, des figures de cire, des chiens savans; s'efforcer de porter sa bannière de comédien contre des aérostats; puis les misères des coulisses, la vie errante, les soldats qui passent et qui vous disent : « Fais-moi rire ! » comme aux harpes des Hébreux suspendues aux saules de l'Euphrate; ce fracas si pénible des nuits comparé aux pieuses méditations de matines ; quelle vie que celle d'un comédien, mon Dieu ! quel enfer ! quels efforts de mémoire à un homme qui avait mis dix ans à apprendre les psaumes de David !

Heureusement qu'un beau jour tout rentra dans l'ordre, toutes les légitimités furent rendues à la France. De comédien qu'il était, frère Isidore redevint, non pas un homme, mais un moine. La garde-robe comique fut échangée contre un froc. « Adieu les vers tragiques! adieu l'habit antique! adieu le brodequin! adieu tout mon métier de farceur! Rendez-moi mon froc, mes oremus et ma besace, que j'aille encore les pieds nus!

— Mais, mon frère, reprit Anatole, pourquoi donc êtes-vous présentement de l'ordre des trapistes, au lieu d'être redevenu ce que vous étiez autrefois, un carme déchaussé? »

Ici une larme brilla dans l'œil du moine : « C'est un triste récit à vous faire, dit-il; mais je veux le faire par pénitence; écoutez-moi tous, mes frères, s'il vous plait. »

'En même temps, chaque trapiste

prêta l'oreille, aussi muet que le voulait la règle; c'était un tableau à voir.

CHAPITRE XXI.

> Est-ce Médine? Est-ce la Mecque qui renferme le Saint-Sépulcre? Cherchez à l'Encyclopédie l'article *Mecque*. Ne me faites point blasphémer par votre négligence.

CE couvent de trapistes qu'Anatole avait découvert avec peine et dans lequel l'avait poussé le besoin de repos qui l'agitait est situé dans un des quartiers les plus populeux de Paris. La maison est de peu d'apparence, revêtue, comme tant d'autres, d'affiches de spectacles et d'annonces marchandes; des dehors d'une pauvreté toute profane, seulement au-dessus de la porte une petite croix de bois qui se cache. Les religieux de ce cloître bizarre se tenaient dans une salle basse et humide : c'étaient pour la plupart d'anciens religieux de différens ordres, que la nécessité avait contraints de se réunir sous une même loi, et qui la supportaient tant bien que mal, chacun l'expliquant d'après ses vieilles habitudes ou ses anciens souvenirs de couvent. Au reste, c'était à peine s'ils avaient tous le même habit; de tous les vœux qu'ils avaient pu faire le vœu de pauvreté était celui qu'ils accomplissaient le mieux.

On demanda donc à Frère Isidore l'histoire de sa conversion. Tous les frères étaient assemblés; ce jour-là par hasard leur dîner était assuré; ils avaient prié tout le matin, et de plus ils se sentaient animés par la présence d'un étranger qui avait l'air de compatir à leur état.

« Hélas! reprit Frère Isidore, vous ne comprendrez jamais quel fut mon isolement dès que j'eus repris le froc; je ressemblais à Scapin dans son sac, et la foule me courait après et me montrait au doigt, comme si la ruine de notre saint ordre était arrivée depuis mille ans. O mes frères! que mon voyage fut long de Marseille à Paris! Pas un couvent pour me donner asile, pas un ermitage pour m'abriter, pas une chapelle où prier pendant l'orage; des hommes, toujours des hommes, et pas un frère, pas un de mes semblables qui me dit *amen;* des regards de mépris et d'insulte, comme si j'eusse encore joué mon beau rôle d'Abner.

Cependant je marchais toujours, toujours vers Paris où je devais retrouver mon couvent bien-aimé, mon toit natal, mon royaume. Que pouvaient me faire les clameurs des passans, quand j'étais redevenu un moine? Cette pensée me soutint dans la route; enfin je revis Paris. C'était bien Paris, la ville de boue et de bruit, la ville hospitalière, la ville chrétienne, la ville aux vastes cathédrales et aux saints prieurés; Cîteaux sur le flanc d'un côteau couvert de pampres; Saint-Germain dont la flèche élancée annonce le tombeau des rois; l'Abbaye dont les jardins devaient être encore teints du sang des martyrs; Sceaux enfoncé dans le parc et entouré de statues riantes; Sainte-Geneviève aux cantiques éternels. Voilà Paris et le cimetière des Innocens où régna jadis saint Médard; voilà la Sainte-Chapelle aux chanoines fleuris; Notre-Dame dont les vastes écuries contenaient jadis trois cents chevaux; Long-Champs aux saints concerts du vendredi saint; mon Dieu! que j'étais fier alors d'être moine! que j'étais heureux de sentir ma besace sur mes épaules ! Je te reprendrai aussi, long bâton du pélerin, chaud capuchon, qui m'attirais tant de respect; ma tête sera rasée de nouveau et réchauffée par le soleil de mai dans la cour du couvent; encore une fois je sonnerai gaîment les matines, je parerai le chœur, je partagerai le repas de mes frères dans les longs réfectoires. Non, mes frères, lorsque j'entrai à Paris, Agamemnon, le roi des rois, ne m'égalait pas dans toute sa gloire; c'est à peine si j'ai trouvé les arcs de triomphe faits d'hier assez hauts pour me laisser passer; j'avais peur de me briser la tête à leur sommet, et je la baissai par orgueil. »

Tous les frères demeurèrent frappés de stupeur à ce récit qui leur rappelait si vivement leurs propres sensations.

« Mais, reprit frère Isidore, le ciel m'a bien puni de mon orgueil. Je n'ai plus reconnu Paris en y entrant; on y faisait des lois, on y construisait des palais, on y rendait à chacun sa fortune et sa demeure; nous seuls nous demeurions proscrits et dépouillés. Le sanctuaire seul était toujours désert. La France restait veuve de ses cardinaux et de ses grands pontifes, et n'en montrait point d'alarmes. Quand j'allai frapper à mon couvent je le reconnus en pleurant; je reconnus la porte basse, les pierres noircies par le temps, les fenêtres étroites et à petits carreaux, la loge du frère portier où nous faisions tant d'aumônes. O mes frères ! je revis même l'image du grand saint Élie ; c'était elle encore avec son air sévère, son long cordon, son manteau clair et son capuchon noir ; seulement ses deux mains que j'avais soin moi-même de rougir tous les six mois avaient été brisées dans les tempêtes révolutionnaires. N'importe, c'était encore le patron de notre ordre, et j'allais m'agenouiller devant cette image, quand soudain, ô douleur ! je vois s'arrêter à la porte toute la troupe de comédiens dont j'avais fait partie, Marton appuyée sur le bras de Cinna, Cidalise à côté de Burrhus ; tous mes anciens camarades arrivaient à ce gîte; le grand Saint-Élie n'était plus qu'une enseigne, mon couvent n'était plus qu'une hôtellerie! et comme Amphitryon à la porte de son palais, je fus mendier ailleurs un asile pour la nuit. »

Ainsi parla le pauvre moine; mais quoique bien triste, il avait l'air calme et serein; on voyait à son attitude pensive et réfléchie qu'il avait été fait exprès pour la vie contemplative, une vie sans action et presque sans pensée, une vie telle qu'elle nous conviendrait fort aujourd'hui où la société a tant marché qu'elle ne sait plus où elle va. Mais nous avons trop d'orgueil pour en convenir; nous aimons mieux nous agiter en pure perte que de nous livrer à cette douce oisiveté, à cette molle incurie qui seule fait le bonheur.

« Hélas ! reprit un des frères après un long silence, ce que mon frère Isidore vient de nous raconter est un terrible mal; un mal dont la raison passe mon intelligence, et dont j'ai bien souvent demandé la cause au Saint-Esprit, mais en vain. »

Un grand homme sec et maigre, ancien économe d'abbaye, autrefois habile calculateur et intègre administrateur des deniers de son ordre, se leva et dit : « Le respect pour les couvens a cessé du jour où la propriété a passé des couvens aux serfs, où la terre, faite de tout temps pour appartenir au petit nombre, s'est vue lacérée comme la vieille robe d'une abbesse morte en odeur de sainteté ; les couvens ont été perdus du jour où ils n'ont plus eu de trésorier. Ingratitude des hommes! J'ai dit.

— J'imagine plutôt, repartit un tout petit trapiste, à l'œil fin et moqueur, que notre ruine vient d'autre part. C'est à peine si j'ose le dire, mes frères, les couvens ont été perdus du jour où les rois ont été assurés sur leur trône, du jour où ils n'ont plus eu de maîtresses. Alors, en effet, rien n'animait le zèle et la ferveur comme de voir un monarque changer son manteau de poupre contre un sac de toile; comme de voir tomber sous le ciseau ces belles chevelures de femmes; c'était là un grand spectacle. La victime était belle et parée; toute la cour était en deuil; on récitait tout haut les prières des morts; après quoi tout était dit sur cette victime de l'ambition ou de l'amour. Mais aujourd'hui à quoi bon les carmélites sans mademoiselle de La Vallière et madame de Montespan ? à quoi bon Saint-Germain, sans le roi Casimir? O abbaye de Chelles, si bien placée dans une fraîche vallée, bois touffus, échos muets, claires fontaines, à quoi pourriez-vous servir dépeuplés de ces grands noms, de ces grandes infortunes, privés de cette abbesse royale, et des mystérieuses retraites de la duchesse de Berry? »

Il n'y avait dans tout le couvent qu'un seul moine qui eût conservé son embonpoint natif, sa couleur rubiconde, sa lèvre vermeille, toute cette bonne physionomie de chanoine qu'on aime tant à rencontrer à l'heure du dîner, tant c'est un gage assuré de bonne grace, de gaie science, de sages propos et de friands souvenirs.

« Notre grand malheur, dit celui-ci qui avait été bernardin, c'est la perte de nos melons de Citeaux, de nos pruniers de l'Auvergne, et surtout de nos vignes de Côte-rôtie; c'étaient-là des supériorités morales qu'il ne fallait point laisser perdre, et que nous ne remplacerons jamais! Pour ma part, je ne lis jamais sans pleurer comme à un livre d'Isaïe le poème du Lutrin de Despréaux; voilà nos temps de puissance et de gloire, nos temps de calme et de bonheur; noble histoire! heureux poème! que n'ai-je été seulement le sacristain Boisrude!

— Vous n'y êtes pas, mon frère, s'écria un ancien rhétoricien des jésuites de la rue Saint-Jacques, vous n'y êtes pas, que je pense. Il n'y a d'important dans un monastère que le café et les vers latins. Si nous savions faire encore les vers latins seulement comme les faisait le père Jouvency, rien ne serait désespéré pour nous. Le vers latin était une gloire toute monastique, une conquête pour le moins aussi précieuse qu'une bouteille de Côte-rotie ou de Lacryma-Christi. Aux vers latins la France littéraire a dû long-temps toute sa gloire; grâce à la prosodie de Port-Royal (dont j'accepte la grammaire sans en partager les hérésies, notez-le bien, je vous prie), la France a eu son Virgile avec le père Rapin, son Eschyle avec le père Porée, son Horace avec le grand lyrique Santeuil. Le vers latin a porté notre renom dans toute l'Europe; il a forcé les esprits à être graves et mesurés; il a combattu le funeste empiètement de la langue vulgaire qui nous a amené à la fin la chambre des députés et les journaux. Nous avons été perdus à l'instant même ou nous avons oublié la prosodie et la césure; qu'on me rende le vers latin et je reconstruis tous les couvens de l'Europe ! »

Et ayant dit ces mots, le digne homme retomba du haut de son enthousiasme dans toute la profondeur de la réalité, agitant encore les cinq doigts de sa main gauche par un mouvement machinal, comme s'il eût encore été à la veille de la Saint-Charlemagne ou de la Chandeleur, fêtes poétiques de son couvent.

« Moins que cela : rendez-moi un

seul miracle, reprit un ancien ermite du Mont-Valérien que les gardes-chasse avaient forcé de se faire trapiste; rendez-moi un seul des miracles d'autrefois; saint Martin accrochant son manteau à un rayon de soleil, ou le lion creusant la tombe de saint Jérome, et le monde n'est plus peuplé que d'ermites, vaste désert consacré à la mortification.

— Et à nous, mes frères, reprit le supérieur de ce monastère si misérable, qu'on nous donne seulement assez de place pour creuser nos tombes, six pieds de terre à chacun de nous, et l'ordre de la Trappe revient en lumière comme au temps de l'abbé de Rancé!»

Ainsi parlaient ces pauvres solitaires, restes malheureux de tant d'ordres religieux jadis florissans comme des rois, aujourd'hui pauvres et tremblans comme des sujets conquis. Ce fut pour Anatole un douloureux spectacle : ces faibles restes d'une foi qui ne sait à quoi se rattacher, cette solitude simulée au milieu de cette ville qui bourdonne, ces sermens que rien ne sanctionne, cet habit sans respect, ces regrets d'un passé innocent et tranquille, cette vie qui veut être encore religieuse et qui le veut envain! Et puis que devenir dans un monde sans lendemain, religieux sans cloître au milieu de cette petite maison basse, ouverte à tous les vents, eux jadis habitués à vivre dans des palais et presque des places fortes, à être gardés par des grilles, esclaves par naissance et par choix et ne pouvant plus être esclaves, ne comprenant rien aux devoirs du citoyen et forcés d'être citoyens ?

La tyrannie a changé de place, pensait Anatole.

Et il sortit de ce cloître, regrettant que ce ne fût pas un cloître, regrettant, lui aussi, ces six pieds de terre, cette fosse à creuser, ce lugubre silence et ces mots solennels : *Frère, il faut mourir.*

Ce sont là, en effet, des consolations puissantes qu'on ne rendra jamais au remords.

CHAPITRE XXII.

J'aimerais mieux un temple en ruines, en vérité !

Qu'as-tu fait de la gloire ?
Racine.

Il se trouva en présence d'une église paroissiale. « Voilà pourtant, se disait-il, un beau temple. Un clocher qui se perd dans les nues; des pierres brodées comme un voile de fiancée; tout le moyen âge sculpté sur ces vastes murailles; le bouclier du barbare, la chlamyde du

Romain, les supplices des martyrs, des héros et des saints qui se croisent; l'histoire profane et la légende sacrée; toute notre vieille Gaule superstitieuse et chrétienne fidèlement représentée par un ciseau contemporain. Qu'il a fallu de sueurs et de génie, surtout qu'il a fallu de foi pour élever ces masses élégantes, pour parer ainsi ce colosse, pour s'attacher à ces rocs si durs, et leur donner la molle empreinte de la cire! Non, la croyance qui a fait ces impérissables monumens n'était pas une croyance périssable. Jusqu'aux portes de l'église dont le temps a fendu le chêne, sur lesquelles un ciseau italien, sous un ciel déjà meilleur, a sculpté une vierge grecque, des mains toutes grecques, une robe qui flotte soulevée par les vents! jusqu'aux vitraux aux immortelles couleurs sur lesquels se passe le grand drame de la passion! De la vie au dehors du temple; au dedans de la vie : des poutres, des tombeaux, un dôme, des tribunes élevées, un autel consacré; de la vie jusque dans les fondations : des os, de vieux restes mortels, des dépouilles de rois et de guerriers ! Le génie humain a-t-il suffi à tant de consécration? Et tout cela qui survit à tant d'orages, qui brille du même éclat après une révolution, qui se tient debout toujours avec la même pureté de doctrines, pendant qu'au-delà du détroit il n'y a plus que des temples faits d'hier, des chapelles à un seul étage, et rien de l'ancienne foi catholique!

Puis Anatole se mettait de nouveau à la porte de la vaste cathédrale, remarquant avec joie combien il était petit à côté de la plus basse de ses portes, du plus petit de ses saints de pierre; et il en revenait à penser que s'il pouvait entrer là et en sortir après avoir été béni, il retrouverait le repos et peut-être le bonheur.

Cependant sur la place même se passaient les différens actes de ce drame monotone qu'on appelle la vie. C'était un enfant qui venait de naître, enveloppé dans ses langes et porté par sa nourrice; son père allait l'inscrire chez l'officier municipal; mais là s'arrêtait la course du nouveau-né : on le portait à la mairie, et il repassait devant l'église sans y entrer.

C'était une noce de grand monde : des cochers en gants blancs; de grands parens en solennels costumes; la mariée, petite et laide avec la plus ingnifiante des tournures; le jeune époux suivi de ses anciens camarades de plaisir, et se livrant encore tout bas à ses propos de libertin. Ils allaient tous à la mairie; à la porte du maire ils trouvaient tous les pauvres qui jadis assiégeaient la porte de l'église, puis ils repassaient devant l'église, sans y entrer.

La mort elle-même dédaignait ce dernier refuge, et les prières du cerceuil, et l'eau bénite jetée sur le drap noir semé de larmes. La bière était portée silencieusement et silencieusement suivie ; on vantait les vertus du défunt, son noble caractère, ses travaux de citoyen, ses services à son prince et à son pays. Ses amis allaient l'inscrire à la mairie; mais son corps passait devant l'église, et il ne s'y arrêtait pas.

Voilà ce que voyait le jeune homme. Il ne comprenait pas cet étrange duel entre la loi religieuse et la loi civile; il était à se demander par quelle raison le pouvoir, qui d'abord était tout d'un côté, avait passé tout entier de l'autre, et comment on en était venu à ne plus vouloir se servir d'un si beau monument, si grand, si riche, si vaste, si vieux, si saint; pour se porter en foule chez un maire, dans une maison vulgaire, sans parfums et sans souvenirs.

CHAPITRE XXIII.

> Il faut que l'évêque soit irrépréhensible, qu'il n'ait épousé qu'une femme, qu'il soit sobre et prudent, aimant à exercer l'hospitalité.
>
> Qu'il ne soit ni sujet au vin, ni violent, mais équitable et désintéressé.
>
> Ire Epître de saint Paul à Timothée.

Justement ce jour-là était un jour de cérémonies solennelles, quand tout le clergé d'une église est sous la prière, quand la bannière se déploie et que toutes les pompes religieuses sont étalées. Anatole vit défiler cette lente cérémonie; quelques femmes paraissent d'abord chantant de pieux cantiques sur des airs profanes; puis des enfans espiègles et mutins que la présence de leur maître a peine à contenir. Voilà enfin les chantres accompagnés des rauques serpens, les abbés recouverts de vieilles chappes, l'encens qui fume : pauvre filet de fumée qui, dans l'hiver, s'échappe à peine d'une misérable cabane de bûcheron ; puis enfin les saintes reliques et le dais aux plumes blanches, suivi de quelques autorités subalternes. Autrefois le dais était une place d'honneur, objet de longues envies et d'intrigues toujours renaissantes; aujourd'hui, il n'y a plus que le roi de France ou quelque adjoint de village qui consente à accepter cet honneur.

Cependant une seule place restait vacante, un seul cordon de ce dais restait à porter; un instant le prêtre s'arrêta sur le seuil de l'église; son regard était inquiet : il cherchait un fidèle pour compléter son cortége; il aperçut Anatole qui le regardait avec un air inexprimable de compassion.

Il arriva que ces deux hommes s'entendirent. Anatole, cédant à l'invitation silencieuse du curé, se plaça à la suite du cortége; et la procession, arrêtée un instant, se remit en marche comme si elle n'eût attendu qu'un chrétien de plus.

s.

Il est difficile de se figurer à quelles idées peut se porter un jeune homme qui accomplit sans hypocrisie cette déclaration de foi solennelle qu'il faut promener à travers la ville, devant tout un peuple, et à la clarté du jour. Cela se conçoit beaucoup mieux dans un temps de lutte philosophique qu'à une époque d'indifférence. L'indifférence a un sourire qui tue; c'est plus fort qu'une moquerie, plus fort qu'une insulte : c'est une insulte sans définition, dont tout le monde est complice et dont on ne peut demander raison à personne. Anatole accomplit cependant toute son entreprise; il mesura son pas sur celui des lévites; il s'agenouilla quand ses frères s'agenouillèrent. Si ce voyage était triste, il n'était pas sans charmes : il avançait Anatole dans cette science de résignation à laquelle il tendait de toutes ses forces; puis il remarquait le recueillement du pasteur, ses mains jointes, son regard élevé avec modestie, sa bénédiction sur la ville. « Si cet homme pouvait m'entendre, pensait Anatole ! s'il pouvait me bénir moi tout seul ! si j'allais enfin endormir le remords! »

Mais cette fois encore le malheureux ne fut pas entendu ; son secret s'arrêta sur son cœur. A peine la cérémonie était-elle achevée qu'un enfant de chœur vint lui dire que monsieur le curé était prêt à l'entendre. « Il est là, monsieur, dans la sacristie, occupé à donner quelques ordres; il est à vous dans un instant. » Et l'enfant s'éloignait en regardant de tous ses yeux ce monsieur qui voulait se confesser.

Toute la sacristie était en désordre; on remettait les ornemens en place, les prêtres se dépouillaient de leurs robes blanches, les chantres retournaient à boire; le curé suivait du regard ses chasubles d'or et ses croix d'argent. « O mon Dieu! pensait Anatole, mon confesseur si tranquille sur le point d'entendre un si grand crime! passer si promptement de cette pieuse cérémonie à ces soins vulgaires, et de ces soins vulgaires à moi pécheur qui l'appelle et qui prie! à moi qui m'attache à ce dernier remède et qui n'ai plus que le suicide si ce remède est sans effet! moi meurtrier, attendre si long-temps une parole, une consolation, une peine! quelle importance attache-t-il donc à sa confession?

Le jeune homme se rappelait encore le regard suppliant du prêtre avant de sortir de l'église, sa joie non équivoque quand il avait été entendu, et il comparait cet empressement à cette froideur. « J'imagine qu'il me méprise, à présent que je veux me confesser. »

Il attendit encore quelque temps

dans une angoisse difficile à décrire. Après quoi on lui fit dire que monsieur le curé était allé dîner, qu'il eût à revenir le lendemain.

FIN DU TOME PREMIER.

www.ingramcontent.com/pod-product-compliance
Lightning Source LLC
Chambersburg PA
CBHW071941160426
43198CB00011B/1490